Malenia Kay

HERZENSWORTE
der Aufgestiegenen Meister

Aufbruch in die Wahrheit

Bitte fordern Sie unser kostenloses Verlagsverzeichnis an:

Smaragd Verlag
In der Steubach 1
57614 Woldert (Ww.)
Tel.: 02684-97848-10
Fax: 02684-97848-20
E-Mail: info@smaragd-verlag.de
www.smaragd-verlag.de

Oder besuchen Sie uns im Internet unter der obigen Adresse.

© Smaragd Verlag, 57614 Woldert (Ww.)
Deutsche Erstausgabe: August 2013
© Cover: Ig0rZh - Fotolia.com
Umschlaggestaltung: preData
Satz: preData
Printed in Czech Republic
ISBN 978-3-95531-006-6

Malenia Kay

HERZENSWORTE
der Aufgestiegenen Meister

Aufbruch in die Wahrheit

Smaragd Verlag

Über die Autorin

Malenia Kay (Jahrgang 1969) ist Medium und Lichtarbeiterin für Wege in die Neue Zeit. In ihrer frühen Kindheit wurde sie bereits von der Geistigen Welt, Naturwesen und Einhörnern begleitet. Das Bewusstsein dieser Kontakte ging jedoch wieder verloren. Erst viele Jahre später, Mitte der 90er, kamen die Verbindungen und Fähigkeiten nach und nach in ihr Leben zurück.

Malenia Kay ist heute ausgebildete Heilpraktikerin, Shiatsu-Therapeutin, Reiki-Lehrerin und -Meisterin. Ihre jüngsten spirituellen Schritte waren die Ausbildung zum Channelmedium und zur geistigen Heilerin. Dadurch wurde schließlich die tiefe Rückverbindung zu allen kosmischen Wesenheiten, Engeln und Meistern vollendet. Ihre Seelenaufgabe ist es, Licht in die Herzen der Menschen zu bringen.

Widmung

*In der reinen Liebe für meine Zwillingsseele
und meine Seelenfamilie
und für alle, die mich schon seit vielen Leben
liebevoll begleiten.*

Du bist der Funke,
der den Glanz in Welten bringt.
Du bist der Regenbogen,
der in neuen Farben singt.
Du bist der Traum
vom Guten, Wahren, Schönen.
Du kannst Kontraste
in dir sanft versöhnen.
Du bist Vermittler,
der in der weisen Liebe schwingt.
Du bist der Funke,
der den Glanz in Welten bringt.

(Für dieses Buch gechannelt und gedichtet von Michael Burg)

Inhalt

Vorwort 11

Prolog 15

Herzensworte 23

Konfuzius: Botschaften zum Thema „Zeit" 25

Lady Portia: Aufbruch in die Wahrheit 31

Hilarion: Das Wissen des Universums 39

Wottana: Aufmerksamkeit für unsere Erde 43

Sanat Kumara: Die Aufmerksamkeit für die
Verbindung von Himmel und Erde 50

Lady Rowena: Das Wesen des Leidens und
seine Wandlung in Kraft 56

Kwan Yin und Lady Maria:
Die Kraft der Dankbarkeit 62

Lanto: Die Arbeit mit euren Kräften und Grenzen 68

Serapis Bey: Die Reinheit der Seelenenergie 75

Lady Nada:
Worte, Wege und Gebet für mehr Selbstliebe 88

Saint Germain: Die Rückkehr zum Reichtum 93

Kuthumi:
Die kosmische Verbindung durch Sexualität 102

White Eagle: Kosmische Wahrheit 111

Djwahl Khul: Symbolmacht 115

Lady Portia: Das individuelle Seelentor 129

Jesus Christus Sananda:
Die Botschaft des Lichts 138

El Morya: Der innere Aufstieg 145

Durchsagen zu weiteren allgemeinen Fragen

Erzengel Jophiel: Erlösende Life-Work-Balance 153

Erzengel Haniel und Uriel:
Ein neues Gesundheitssystem –
Welche Schritte können wir gehen? 157

Plato: Schulsysteme – Lernen wir das Richtige? 163

Che Guevara: Ehrliche Politik für die Menschen – Wie kommen wir weg von zu viel Macht, Geld und opportunistischen Regierungen?......................... 168

Erzengel Chamuel: Das Wesen der Liebe und wie sie unser Leben tragen kann................................ 176

Informationen zu und Botschaften von den Aufgestiegenen Meistern... 179

Quellenangaben 196

Danksagung 197

Vorwort

Dieses Buch möchte dein Herz erreichen und tief darin wirken.

Es enthält viel Wissen, Wissenswertes und Gedanken aus der Geistigen Welt, wobei es weit davon entfernt ist, missionieren, beeinflussen oder zu neuen Glaubenssätzen verleiten zu wollen. Die Durchsagen wirken nicht auf dein Außen – sie möchten keine religiösen Lehren, Philosophien oder Lebenshaltungen anrühren, bewerten oder unbedingt ändern –, sondern auf dein Inneres, deinen Seelenkern, und macht dir Angebote, dein Herz zu öffnen. Alles, was daraus resultiert, erwächst allein aus deinen freien Entscheidungen. Du kannst dein Außen beibehalten oder weitere Gestaltungen darin vornehmen, die deinem Herzen entspringen, oder eben nicht. Ganz wie du magst.

Neben den Worten sind energetische Wirkungen und Schwingungen enthalten. Zwar ist es kein Medikamenten- oder Therapieersatz, aber es kann auf verschiedenen Ebenen Heilung bringen, innere Kämpfe entspannen und Frieden und Erleichterung in unsere Mitte tragen.

Neben den Durchgaben wurde auch deren Reihenfolge vorgegeben, sodass eine Art energetischer Struktur oder Leitfaden darin liegt. Es birgt jedoch keinen Nachteil, wenn du intuitiv Themen und Kapitel in deiner Abfolge auswählst, weil sie zu deiner aktuellen Lebenssituation passen oder dich besonders neugierig machen. Ohnehin empfiehlt es sich, die Durchsagen in zeitlichen Abständen mehrfach zu lesen, weil oft neue Facetten vordergründig werden, die zu neuen Wirkungen führen. Man kann zuerst quer lesen und später in genauer Reihenfolge. Es werden sicherlich verschiedene Ergebnisse feststellbar sein.

Unabdingbar für die Lektüre wäre eine ruhige Umgebung und ausreichend Zeit zum Lesen und Nachspüren, denn darin liegt der eigentliche Reichtum der *Herzensworte*. Alles andere wäre schade und würde die Wirkung verfehlen. Sonst gibt es nichts zu tun, zu erarbeiten oder durchzuführen. Nur lesen und wirken lassen. Du brauchst längst nicht alles anzunehmen, zu glauben oder zu verstehen, was du liest. Du darfst anderer Meinung sein oder andere Wege wählen. Und selbst dann ist etwas in Gang gesetzt worden, und sei es „nur" Nachdenklichkeit. Eine energetische Wirkung setzt immer ein. Laut gelesene Durchsagen gewinnen deutlich an Macht und Kraft. Die Stimme fungiert als verstärkendes Element.

Eine ideale Wirkung ist, wenn die Worte dich berühren und in dir erwachen. Wenn du fühlen kannst, dass eine tiefe Wahrheit zu dir spricht, können die Durchsagen zur Quelle inneren Reichtums und Wachstums werden.

Falls du dich noch nie mit spirituellen Welten, Gesetzmäßigkeiten und Begriffen beschäftigt hast, besteht kein Grund, dieses Buch nicht zu lesen. Auch ohne spezifisches Wissen werden die Botschaften ihre Energie bei dir entfalten können.

Alle Botschaften stammen von den *Aufgestiegenen Meistern*. Ihre Worte sind nicht immer so, wie wir sie vielleicht erwarten oder wünschen würden. Meistens tauchen neue Fragen für uns auf, die nicht unbedingt im Verlauf der Texte auch beantwortet werden. Aber das gehört zu den Eigenheiten der Durchsagen. Nichts wurde von mir weggelassen, umgeändert oder um eigene Gedanken erweitert. Meine Aufgabe ist und war es, Kanal für alle Botschaften zu sein und eins zu eins für deren Wiedergabe zu sorgen.

Meistens gibt es am Anfang eine Begrüßung oder Sätze, die persönlich an mich gerichtet wurden. Um die Aura und Authentizität der Durchsagen zu wahren, habe ich diese darin belassen. Letztlich gehören sie jedoch nicht zum kosmischen Wissen und zu den Mitteilungen. Manchmal gibt es kleine Prologe, Verse oder Einleitungen zum Thema, die ich in meinen Worten ersonnen habe, bei denen die kreativen Funken und „Eingebungen" aber vermutlich aus Quellen der Geistigen Welt stammen.

Wiedergegeben werden hier Botschaften von sechzehn Aufgestiegenen Meistern, die als Gruppe für unseren Bewusstseinsaufstieg arbeiten. Selbstverständlich gibt es darüber hinaus noch viele weitere Meister, Engel und Wesenheiten, die dieser Aufgabe nachgehen. Sie sind nur bei diesen Texten nicht in Erscheinung getreten.

Ich selbst blieb mit einigen offenen Themen zurück. Da ich diese Themen wichtig für unsere Zeit halte und Hinweise zur zukünftigen Entwicklung hilfreich fand, sind in Form eines Epilogs weitere Durchsagen zu den Themen Gesundheit, Geldsystem, Schulsystem und Politik entstanden. Diese entspringen teilweise anderen Quellen und Daseinsformen der Geistigen Welt und wurden unabhängig von den *„Herzensworten"* aktiv von mir erfragt und empfangen.

Ich wünsche dir nun reichhaltiges Lesevergnügen und viele schöne Herzensmomente.

Malenia Kay

Prolog

Bald werde ich die Treppe sehen. Ich befinde mich in einer gleißend weißen Halle. Sie ist wunderschön und erhaben, mit einem gläsernen Oberlicht. Weiche silberne Strahlen fallen von dort herein, deren Licht wie Puderstaub sanft hinuntersinkt.

Bis hierher hat mich unsere Kurs-Meditation bereits geführt. Der Kurs besteht aus einem guten Dutzend Menschen, die das Channeln erlernt haben. Unsere Kursleiterin führt uns durch die Abschlussmeditation. Wir haben an mehreren Wochenenden gelernt, wie wir unseren inneren Kanal für das Channeln öffnen und so den Kontakt zur geistigen/medialen Welt herstellen und Botschaften von dort empfangen können. Das ist das Wesen des Channelns – Worte aus dem Kosmos, dem göttlichen Licht, zu empfangen. Als Quellen stehen uns Engel, Schutzengel, Naturwesen, Geistwesen, Ahnen und auch die sogenannten „Aufgestiegenen Meister" zur Verfügung.

Aufgestiegene Meister sind Seelen, die bereits diverse irdische Inkarnationen als Mensch durchlaufen und durch ihre Lebensweise und ihr spirituelles Wachstum Erleuchtung erfahren haben. Dadurch fanden sie Eingang in die Geistige Welt, wo sie als Förderer, Begleiter und Lehrer Aufgaben für die Erde und die Entwicklung von uns Menschen erfüllen.

Eine Durchsage für unseren Kurs lautete, dass wir in dieser Abschlussmeditation nun alle einen oder zwei der Aufgestiegenen Meister zur Seite gestellt bekommen. Sie würden mit uns arbeiten und uns in nächster Zeit begleiten. Wir könnten sie um Hilfe und Unterstützung bitten. Der Weg, sie zu treffen, führt über die Meditation und die Treppe, die nun auftauchen soll. Ich sehe „meine" Treppe. Sie ist ebenfalls weiß, aus wunderschönem Marmor, mit breiten Stufen und einem ausladend geschwungenen Geländer. Wenn wir die Treppe hinaufgehen, werden wir oben auf einen beziehungsweise „unseren" Meister treffen.

So gehe ich voran. Schritt für Schritt. Ich sehe den oberen Treppenabsatz und eine Art Torbogen oder Durchgang. Oben angekommen, bin ich voller Neugierde, hole innerlich tief Luft und sehe: nichts. Tatsächlich ist niemand da. Für einige Sekunden bin ich genauso erschrocken wie ratlos. Doch dann sehe ich einen bläulichen Nebel auf mich zukommen. Über diesen Nebel hinaus strahlt ein weiß-silbernes Licht, ein betörender Strahlenkranz. Dort heraus tritt eine Gestalt. Ein Mann in einer blauen Robe, mit ehrwürdiger, ja, königlicher Haltung. Er ist beeindruckend groß, hat dunkle Augen und begrüßt mich mit Wärme. Es ist EL MORYA.

„Puh, Glück gehabt", rutscht es mir im inneren Dialog mit ihm heraus. „Ich dachte schon, niemand würde für mich hierherkommen." „Ganz und gar nicht", antwortet El Morya. „Ich stehe hier als Vertreter einer Gruppe. Alle sechzehn Meister, über die in deinem Kurs gesprochen wurde, wenden sich an dich." „Alle?", frage ich verwirrt. Mehr kann ich gar nicht entgegnen, denn der Meister fährt bereits geschäftig und sehr überzeugend fort: „Liebes Erdenkind, die Zeit des neuen Bewusstseins rückt heran, und es gibt viele von uns, die euch Botschaften bringen wollen. So vieles ist zu klären und zu erklären. Diese Hilfe wird notwendig sein, um den Prozess des Erwachens und des spirituellen Aufstiegs auf der Erde zu entfachen und zu begleiten. Dafür suchen wir nun jemanden, der unsere Worte in eure menschlichen Worte umsetzt und allen zugänglich macht – eine Art „Pressesprecher", wenn du so willst.

Wir hätten hier auch schon einen Vertrag für dich, der dies besiegelt." El Morya entnimmt seiner Robe eine große Schriftrolle, die sich vor meinen Augen entfaltet. Die Zeichen darauf kann ich kein bisschen lesen oder gar verstehen, sehe nur am Ende des Papiers eine Linie und ein großes Siegel. „Hier wäre zu unterschreiben", fügt El Morya ganz selbstverständlich an und hält mir mit der anderen Hand einen Federhalter vor die Nase.

„Äh, kleinen Augenblick, ich weiß doch gar nicht genau, worum es da geht, ob ich das kann und wie das ablaufen soll ... und überhaupt", bringe ich kleinlaut und überrascht hervor. „Aber natürlich weißt du es, mein Kind, und dein Herz hat doch längst JA gesagt." Er lächelt mir aufmunternd zu, hebt dabei seine dunklen Augenbrauen und drückt mir den Füller in die Hand. Ehe ich mich versehe, habe ich auch schon unterschrieben, die Rolle wird wieder eingerollt und verschwindet in den Tiefen des blauen Gewands.

El Morya lächelt. „Ich werde dein Hauptansprechpartner und Begleiter sein. Ich führe dir die Kontakte zu allen anderen Meistern zu. Vorher wirst du mit mir lernen, wie du sie erkennst und unterscheidest. Das ist wichtig, bevor es losgehen kann. Schreibe unsere Botschaften auf, so, wie du sie nach und nach bekommst. Mehr ist zunächst nicht zu tun. Wir freuen uns, Erdenkind." Mit diesen Worten verabschiedet sich „mein" Meister, legt noch kurz und ermunternd seine Hand auf meine Schulter und löst sich in einem blauen Lichtnebel auf.

Ich stehe allein auf der Treppe, die Stimme unserer Kurslehrerin dringt wieder bewusster an mein Ohr und führt uns langsam aus der Meditation heraus.

Bei unserer Nachbesprechung kann ich das Geschehene aus meiner Meditation nur kurz und knapp wiedergeben. Zu sehr bin ich selbst noch damit beschäftigt, denn so ganz weiß ich nicht, wohin es führen und was es bedeuten soll. Das zeigen jedoch die nachfolgenden Wochen und Monate.

El Morya erscheint von Zeit zu Zeit für meinen „Unterricht". Ich lese alle Beschreibungen der Aufgestiegenen Meister aus dem Skript und präge mir ihre wichtigsten Daten und Eigenschaften ein. El Morya lässt jeden der Meister erscheinen, und ich kann spüren, wie sich ihre Energien anfühlen. Jede Begegnung ist unterschiedlich, und ein jeder/ eine jede gibt sich mir auf eine charakteristische Weise zu erkennen. Mal fühle ich ein elektrisierendes Kribbeln, mal eine Wellenbewegung, als wäre ich an Bord eines Schiffes. Mal ist die Energie um mich herum weich und warm, voller Mitgefühl oder Weisheit. Wir üben es wieder und wieder, bis ich irgendwann nach Sekunden sicher bin, wer bei mir erscheint. Es ist eine spannende Lernzeit. Dabei werde ich nie überfordert, alles erfolgt in kleinen Schritten. Schließlich fällt irgendwann der Startschuss. Nach und nach treffen die Meister bei mir ein und geben mir ihre Worte zu verstehen. *Herzensworte*, die nun vor euch liegen, liebe Leserinnen und Leser.

Erliegt nun bitte nicht der Vorstellung, dass man mir dieses Amt, diese Texte und das Schreiben aufgezwungen hätte. So war es keineswegs. Nach dem Kurs und bei allen weiteren Begegnungen mit El Morya spürte ich deutlich: Ja, mein Herz hatte JA gesagt. Schon viel früher als angenommen. Und natürlich saß ich nicht nächtelang übermüdet vor meinem Schreibblock oder der Tastatur, von fremden Worten in meinem Kopf zwanghaft angetrieben. Ganz und gar nicht. Alle waren so liebevoll zu mir und so voller Dankbarkeit und Rücksichtnahme. Wann immer ein Meister vorstellig wurde, war ich frei zu entscheiden, wann wir mit dem Channeln und Schreiben beginnen und wie lange es dauern würde. Manch einer braucht schon viel Geduld mit mir, so dachte ich oft, denn mehrfach konnte oder mochte ich tagelang nicht weitermachen. Doch in der Geistigen Welt kennt man weder Zeit noch Ungeduld, und so fügte sich alles nach und nach zusammen, bis schließlich alle Durchgaben auf unserer Erde und auf dem Papier angekommen waren.

Wann immer ich die durchgegebenen Themen lese, bin ich aufs Neue erstaunt, wie sie in meinen Kopf und in meine Gedanken gelangen konnten. Jede ist einzigartig, perfekt und in ihrem ganz eigenen Stil verfasst. Manches scheint sich in den Texten zu wiederholen und wiederholt sich dennoch nicht. Alle Worte tragen eine charakteristische, eigene Energie, die in jedem Kapitel mitschwingt und unser Herz sowie unseren Seelenkern auf sehr tiefe Weise erreicht und berührt.

Das Channeln war stets aufs Neue aufregend, da ich zuerst den Kontakt fühlte und dann ein Thema genannt bekam. Nie war damit klar, welche Aussagen dazu entstehen oder welches Wissen durchkommen würde. Wenn zwischen der ersten Begegnung und dem Schreiben noch etwas Zeit verstrich, erhielt ich immer wieder mal Formulierungen, innere Bilder oder Gedankensplitter dazu, was für mehr Interesse und Neugierde sorgte. Bis zum Ende der Durchgabe war nie ganz erkennbar, wohin die Reise ging, welcher Wissenskern sich herausarbeitete. Jede Botschaft war somit eine „spirituelle Wundertüte" und blieb spannend bis zum Schluss.

Im Nachhinein fühlt es sich manchmal irritierend an, da keiner der Texte aus meinem Bewusstsein oder Wissen stammt. Sehr oft war mir klar, dass ich Sätze nie so schreiben würde oder formulieren könnte. Dennoch stehen sie auf dem Papier. Obwohl man freiwilliger Empfänger ist, ergibt sich dadurch ein leichter Eindruck von Fremdsteuerung, der zunächst der Gewöhnung bedarf. Bei aller Merkwürdigkeit jedoch ein gelungener Beweis dafür, dass diese Durchgaben in der Tat von außen oder, besser gesagt, von „oben" stammen.

Ich bin sehr dankbar, dass ich der Geistigen Welt diesen Dienst erweisen und dieses wertvolle Wissen in Empfang nehmen durfte. Ich bin sowohl geehrt, als auch gerührt und neige in Ehrfurcht und Bescheidenheit innerlich mein Haupt vor so viel kosmischer Präsenz und Weisheit, die sich mir präsentiert hat. Mein Herz bleibt nun, nach erfüllter Aufgabe, voller Freude und Liebe zurück.

Ich wünsche dir, liebe Leserin, lieber Leser, dass auch du am Ende des Buches dieses Füllhorn an Freude und Zuversicht spüren kannst. Und gibt es auch viele Momente der Nachdenklichkeit, so begleiten Friede und Geborgenheit dich als immerwährende und tragende Energie.

Eine Chance der wunderbarsten Herzensöffnung liegt nun vor dir. Ich wünsche dir daraus das höchste Wohlergehen und die größtmögliche Heilung. Hab einen guten Weg.

Herzensworte

Geliebte Erdenkinder,
dies sind unsere Herzensworte an euch. Worte des Lichts. Worte der reinen Liebe aus der höchsten und göttlichen Dimension der Quelle – unser aller Heimat.

Wir, das sind sechzehn euch bekannte Aufgestiegene Meister, die wir im Dienst der Göttlichkeit und göttlichen Quelle stehen.

Nie zuvor war das Tor zu einer neuen, höheren Bewusstseinsebene und einer neuen Seelenenergie so nah wie in dieser heutigen Zeit. Alles und nichts wird infrage gestellt, das Leben und das Empfinden des Lebens wird immer schneller, rasanter, temporeicher. Der physikalische, aber auch der übergeordnete energetische Aufstieg des Energiefelds der Erde wirkt auf alle Lebewesen ein und verändert alles.

Habt Vertrauen, geliebte Kinder, dass alles in die Ordnung, die Liebe und die Wahrheit zurückkehren wird. Gott ist bei euch, der Himmel stützt euch, das Universum trägt euch sicher über die Schwelle der Neuen Zeit.

Doch ist noch ein gutes Stück des Wegs zu gehen. Um zu klären, zu erklären und eure Seelen zu ermutigen und zu stärken, kommen unsere HERZENSWORTE zu euch.

Jeder von uns wird euch seine eigene, wahrhaftige Botschaft zu verschiedenen Themen, Fragen oder Begriffen für die Neue Zeit darbringen. Es geht um Werte, Prioritäten und Emotionen, die eure Seele in den Fokus nehmen sollte.

Nehmt unsere Worte auf, lasst sie einfach in euer Herz strömen. Hüllt eure Seele darin ein. Mehr ist nicht zu tun, damit alles gut werden kann.

Die Meister

Konfuzius: Botschaften zum Thema „Zeit"

Man sagt, man kann nicht aus der Zeit fallen. Aber es gibt Zeitsprünge und Zeitreisen gelten als möglich. Zeit dehnt sich aus oder verkürzt sich, je nachdem, ob man warten muss oder gerade schöne Erlebnisse hat.

Zeit ist relativ. Sie kann nicht vor- oder nachgeholt werden. Zeit lässt sich auch nicht vorziehen, dafür aber aufschieben. Könnte es sein, dass alle diese Eigenschaften existieren, weil es Zeit nicht wirklich gibt?

☆☆☆

Sei so sehr gegrüßt, liebes Menschenkind. Schon länger beobachte ich dein Tun. Seit du ein kleines Mädchen warst und anfingst, dein neugieriges Näschen in Bücher zu stecken, stehe ich oft bei dir und schaue schmunzelnd über deine Schulter. Viele Bücher hast du seitdem gelesen, bist in viele Welten eingetaucht. Hast neugierig und offen für alles jede Art von Text, Wissen oder Poesie studiert und genossen. Das freut mich ganz besonders.

Und nun erkennst du schon in deinen Gedanken: Oh je, das ist ja eine so lange Zeit, Jahrzehnte des Lebens. Da denke ich nur an die Dinge, die geschehen sind und bei denen ich zugegen war. Zeit spielt keine Rolle. Es hätten statt 36 Jahren auch nur fünf Minuten sein können. Wichtig ist nur, wie dieser Zeitraum (oder eigentlich nenne ich es nur *den Raum*) gefüllt war.

Die Fülle ist viel wichtiger als die Zeiteinheit (die nur ihr kennt). Das, was geschieht, was ihr fühlt, was sich innerhalb des Lebens zuträgt und bewegt – das allein ist die Essenz, die zählt. Weißt du, Zeit gibt es in dem Sinne gar nicht. Es gibt nur den Raum des Lebens und die Dauer. Und die Dauer ist in ihrem Wesen ewig. Sie ist die Ewigkeit. Und auch das Leben oder, besser gesagt, das Sein aller Seelen ist ewig. **Wir sind Ewigkeit im Großen Ganzen**. Ewigkeit im großen Nichts, das wiederum das ALLES birgt. **Wir sind**. Und das ist es schon.

Es gibt somit nur einen Strang an Dauer, der in sich unbegrenzt ist. Jede Seele, jedes Leben ist wie ein roter Faden, der sich endlos durch den Kosmos zieht und abspult von einer Rolle (in dem Fall die göttliche Quelle von Ursprung und Leben), die niemals leer wird. So ergießt sich Lebensfülle in die Leere und kehrt in die Quelle der Fülle zurück. Ein ewiger Kreislauf.

Natürlich ist euer menschliches Dasein darauf nicht ausgerichtet und trägt die Anbindung an diese Art Existenz nicht bewusst in sich. Das ist auch erforderlich, denn sonst könntet ihr nicht mit der notwendigen Ernsthaftigkeit und Authentizität die Erfahrungen machen und die Dinge seelisch erfüllen, die ihr entschieden und gewünscht habt.

Euer Verstand und eure Sinne brauchen mehr Struktur, als ihr es von eurer außerkörperlichen Existenz gewohnt seid. Deshalb könnt ihr nicht im Unendlichkeitsbewusstsein auf der Erde leben. Ihr braucht Grenzen, Struktur und Einteilung. Somit auch die Zeit und messbare, nachvollziehbare Einheiten an Zeit. Und nun glaubt bitte nicht, dass dies etwas Nachteiliges ist oder eure Entwicklung der Seele begrenzt. Alles, was ihr an menschlichen und dualen Erfahrungen macht, fließt als neue Kraft, Weisheit und Ausdehnung in eure Seele und euer göttliches Sein. Es macht euch auf dieser Ebene eher größer, weiter und mächtiger. Darum seid dankbar für die Chance eines Erdenlebens, denn es bringt euch großen seelischen Reichtum.

Dennoch habt ihr oft Probleme mit der Zeit, da ihr euch zu sehr und in immer extremerem Maß auf diese Struktur fixiert. Eng ist euer Tag terminiert. Ihr führt viele Kalender und Notizen, wann was zu tun ist, wann was gebraucht wird, woran gedacht werden soll. Das ist auch in Ordnung so. Nur ist dieses Terminkorsett stärker im Fokus als das, was sich darin ereignet, was getan und erlebt wird. Die Einhaltung und Erfüllung des Zeitrahmens ist vordergründiger als das qualitative Erleben dessen, was geschieht. Und während ihr in einer Erledigung seid, blickt ihr bereits auf die Uhr und „schaut" auf das nächste Zeitfenster, auf den nächsten Schritt. Damit lauft ihr oft Gefahr, den aktuellen Moment, euer JETZT, nicht wirklich zu erleben, da euer Geist und die Aufmerksamkeit schon weitergezogen sind. Schaut, dass ihr hier wieder mehr in die Balance gelangt.

Und auch wenn ihr die Ewigkeit des Seins nicht so stark in euer Bewusstsein integrieren könnt, denkt dennoch ab und zu daran, dass es die Zeit so, wie sie im menschlichen Dasein abläuft, nicht gibt. **Das reine Dasein ist im Grunde ganz ohne Zeit, Raum und Dimension. Es ist eine seelische Existenz, die aus sich selbst heraus existiert und sich kontinuierlich neu erschafft.** Das Bewusstsein einer Seele kann sich über Dimensionen und Schwingungsebenen hinaus ausdehnen. Über Räume, Vergangenheit, Gegenwart und Zukunft (denn diese drei „Zeitteile" oder Wesenheiten gibt es natürlich). Vergangenheit, Gegenwart und Zukunft entstehen, indem etwas geschieht, und sie markieren die Bewegung der Geschehnisse im Raum und ihren aktuellen Erlebenszustand (abgeschlossene, stattfindende, noch nicht manifestierte Handlung). Die Seele kann sich unabhängig davon in jedem dieser Erlebniszustände immer wieder bewegen. Ihr würdet es Zeitreise nennen, doch eigentlich ist es einfach nur ein Anteil des Daseins, ein Wesensmerkmal seelischer Existenz.

Ein weiteres Merkmal eurer menschlichen Zeitbetrachtung ist, dass ihr Zeitempfinden mit Geschwindigkeit in Verbindung bringt. Zeit vergeht für euch zu langsam, zu kurzweilig, zu langweilig, meistens aber zu schnell. Dabei hat die Zeit beziehungsweise das Dasein kein Tempo. Es passiert und vergeht einfach, schreitet voran; das Dasein schreitet voran im Raum. Mehr nicht.

Doch ihr gebt ein subjektives Empfinden hinzu, durch eure Gedanken über Geschehnisse (langweilig, kurzweilig), durch Emotionen und Erwartungen. Oder durch fehlende Aufmerksamkeit für den Moment und durch Abschweifen der Gedanken (Zeit vergeht zu schnell). Das ist ebenfalls nicht schlimm, denn es gehört zu eurer Struktur, euren menschlichen Charakteren. Werdet euch aber dessen gewahr, dass ihr Schöpfer eures subjektiven Empfindens seid. Geht einfach entspannter mit Gedanken an die Zeit um. Ihr könnt die von euch empfundene Zeit weder anhalten, noch beschleunigen. Ihr erfindet zwar ständig Dinge, die Zeit einsparen beziehungsweise Tätigkeiten beschleunigen, aber das hat keinen Einfluss auf Zeit und Dasein. Es hat nur Wirkung auf die Geschwindigkeit von *Abläufen*. Das Dasein verbleibt immer in seinem gleichen Rhythmus.

Ihr könnt keinen Einfluss auf die Zeit nehmen, wohl aber auf eure Empfindungen und Beurteilungen. Ein kleiner Augenblick, ein Wimpernschlag, hat den gleichen Ablauf und Rhythmus im Dasein wie ein Jahrhundert (wie ihr es nennt) oder die Entstehung eines Gebirges. Natürlich könnt ihr diese Tatsache nicht mit Verstand und Logik erfassen. Aber glaubt mir: Es ist genau so.

Und verknüpft am besten nicht die Zeit mit der Qualität von Geschehnissen. Weil ein Moment kurz ist, muss er nicht schlechter sein als ein (für euch) ewig langes Geschehen. Die tiefste Liebe und Freude kann auch in einer einzigen Sekunde empfunden werden und genauso wertvoll und nachhaltig wirken wie ein langes Leben voll der gleichen Liebe und Freude. Darum urteilt nicht ob der

Dauer eines Ereignisses. Es ist das, was es ist, und all sein Wesen liegt nicht in seiner Dauer begründet, sondern nur in seiner Wirkung.

Zeit ist Dauer, Dauer ist Endlichkeit und Unendlichkeit zugleich. Dasein ist Entstehung und Vergänglichkeit in einem, ist schöpfende Schöpfung und Nichtschöpfung. Es ist Vorhandensein und Unsichtbarkeit. Dasein ist gleich allen Dimensionen und gleichzeitig losgelöst vom Raum. Dasein ist Gott, und Gott ist das Dasein allen Daseins.

Fürchtet nicht, dass eure „Zeit" vergeht. Ihr seid und bleibt damit Teil des großen Seins. Ihr könnt nicht herausfallen aus der göttlichen Schöpfung. Ihr seid auch Dauer, Ewigkeit und immer wieder neu. Vertraut darauf und stärkt euch mit der Kraft aus diesem Glauben.

Euer KONFUZIUS

Lady Portia: Aufbruch in die Wahrheit

„Komm gerne herein zu mir", sagt die Liebe zur Wahrheit, „denn du bist reinen Herzens, wahr und klar." „Du darfst auch herein", sagt die Liebe zur Lüge, „wenn du wahrheitsgemäß bekennst, dass du bisher Lüge warst."

☆☆☆

Gegrüßt seist du, geliebtes Medium. Ich freue mich, dass du meine Worte empfangen und dem Papier anvertrauen magst. Für viele Menschen, eigentlich für alle Seelen, stehen so wichtige Zeiten und Phasen bevor.

Wir aus der Geistigen Welt können nicht oft genug betonen, wie sehr wir euch auf der Erde nun unterstützen werden. Vertraut darauf – es wird jeden Tag mehr.

Jeden Tag verstärken wir die Energien und Zugänge zu kosmischem Wissen, zur göttlichen Bewusstheit. Auch wenn es euch so vorkommen mag, dass sich noch viel zu wenig Menschen auf den Aufstieg fokussieren und sich mit Prozessen dazu beschäftigen – habt Vertrauen! Es sind schon viel mehr Seelen im Klärungsprozess verhaftet als ihr denkt.

Es gibt *Lichtarbeiter* und *Wegbereiter*, die bereits das Wissen um den Aufstieg haben. Die aktiv mitgestalten und lernen.

Dann gibt es die *Aufgeschlossenen*, die mehr und mehr – aufgrund ihrer inneren Offenheit – auf den Weg gelangen und anfangen, ihr Sein und den Sinn ihres Lebens zu hinterfragen. Sie machen bereits erste Schritte, indem sie die Lehren und die Menschen anschauen, die schon weiter auf dem Weg sind. Sie lernen von ihnen oder lassen sich helfen.

Es gibt die *Suchenden*, die zunächst nur fühlen, dass es mehr geben muss. Sie spüren, dass ihr Leben auf gewisse Art nicht vollständig ist, können aber dieses WAS, diese Frage, noch nicht definieren. Aber auch sie werden auf Antworten treffen und sich weiterentwickeln.

Und dann sind da noch die *Unerwachten*, die noch ganz konform im dualen System leben und darin verhaftet sind. Aber auch sie sind auf dem Weg, im Rahmen ihres Seelenplans. Auf höherer Seelenebene haben auch sie den Aufstieg schon er- und anerkannt. Dies haben im Grunde alle Seelen bereits getan.

Der Weg in die Wahrheit ist sehr vielschichtig, gerade wenn die inneren, seelischen Prozesse betroffen sind. Eins ist immer gewiss: Die Wahrheit setzt sich durch.

Die Wahrheit ist Wegbereiter und Öffner der Tore in den neuen Bewusstseinswandel. Bevor dieser Schritt sich nicht erfüllt, wird es keinen Aufstieg geben. Wahrheit ist sozusagen der notwendige Katalysator für euren Weg weiter ins Licht. Viele von euch haben Angst, weil Wahrheit oft Auflösung und Veränderung bedeutet. Viel Ungeklärtes ist noch da, und bisher war nicht immer die nötige Kraft für Klärung oder Veränderung vorhanden. Aber dies ist nun eure Hoffnung und eure Zuversicht, denn es stehen genügend Energien zur Verfügung, sodass auch schmerzliche Anstrengungen gemeistert werden können. Euer Wille zur Klärung, zur Wahrheit, wird diese Kräfte aktivieren. Die Steigerung eures Vertrauens wird den Prozess stärken, tragen und auch erfolgreich zum Abschluss führen.

Situationen, selbst wenn sie schon seit Jahren festgefahren sind, können jetzt gelöst werden. Jetzt kommt die energetische Konstellation dafür im Kosmos, damit ihr aufhören könnt, euch darin im Kreis zu drehen. Also, keine Angst – es wird alles gut werden, auch wenn es manchen schmerzhaften Weg geben wird. Bleibt einfach in eurer Mitte, eurer Stärke und in eurer Absicht, dann können wir euch sicher hindurchgeleiten.

Was wartet hinter dem Tor? Ein neues Bewusstsein, neu vernetzte Werte und Sichtweisen. Die Herzöffnung und ein neuer Blick auf Zusammenhänge und die seelische Gemeinschaft aller Menschen. Verlorenes kehrt zurück, Unbrauchbares wird gelöst oder gewandelt. Auf der kosmischen Weltebene ist das bereits so.

Dort ist bereits ein sehr dichtes, feinstoffliches Netz aus Werten der Liebe, der Zuversicht und des Mitgefühls.

Idealismus, Wahrheit, Nächstenliebe und Respekt für alle Teile der Schöpfung sind verwoben über den Faden der sozialen Empathie.

Gemeinschaft wird dadurch neu entstehen. Und zwar eine Gemeinschaft, die auch gemeinsame höhere Ziele hat. Die für alle Beteiligten und Anteile der Gemeinschaft einen Zugewinn darstellen. Gegenseitiges Tragen, Helfen, Stützen, hilfreicher Austausch und Zusammenarbeit werden eine starke Prägung in dieser neuen Struktur sein. Auch die innere Ausrichtung der Menschen gelangt dadurch wieder in den Vordergrund. Diese „gemeinsame" Energie bildet ein starkes Feld, das für Realisation und Manifestation dienlich ist. Die Gruppenkraft wird wieder sehr wichtig werden. Natürlich wird es auch weiterhin autarke Einzelkämpfer und Individualisten geben. Sie können auch wichtig und notwendig sein, um neue Dimensionen zu beschreiben oder Prozesse zu erschließen. Und diese Persönlichkeiten werden in guter Absicht agieren. Gier, Vorteilsdenken, Macht und Profilierungen werden kaum Chancen erhalten, da sie sich gegenüber dem neuen Menschenbewusstsein nicht lange halten werden können. Die Wahrheit wird zu neuem Mut und neuer Zuversicht führen. Und sie wird Erlösung mit sich bringen.

Erlösung von krampfhaft hochgehaltenen Illusionen (Perfektion, Macht, Rechtschaffenheit, falsche Moral, Kontrollierbarkeit der Dinge, materielle Symbole/Erfolge). Erlösung von unwahren Gefühlen, von falscher Rücksichtnahme. Für jeden Einzelnen bildet das neue Wahrheitsbewusstsein eine Brücke zurück in die eigene, volle Authentizität. Ihr könnt zurückkehren in euren eigenen Schoß der Seele. In eure ganze Bestimmung und euren zentralen Sinn eures Daseins.

Sicher werden viele jetzt staunend lesen und fragen, woher sie die Kraft für diesen Durchbruch nehmen sollen? Was können sie tun oder unterlassen, um an dieses Ziel zu gelangen? Euch allen sage ich: Seid unbeschwert und unbesorgt. Geht durchaus in die innere Ausrichtung, zielend auf die reine Wahrheit. Hinterfragt euren Willen auf echten Herzensantrieb. Hinterfragt alle Dinge auf ihre wirkliche Absicht, ihren Inhalt und den Sinn. Damit ist dann schon viel Öffnung geschehen. Und geht mehr und mehr in euer Herz und verbindet euch sooft es geht mit eurer Seele. Denn dort könnt ihr immer die Wahrheit entdecken oder fühlen. Herz und Seele sind euer Kompass auf dem Weg in die Wahrheit und in die neue Kraft des Bewusstseins.

Und Mut müsst ihr fassen. Mut, so zu handeln, wie ihr es im Rahmen der Wahrheit spürt und erkennt. Denn ganz ohne Handeln erfolgt keine wirkliche Manifestation.

Und auf noch etwas dürft ihr vertrauen: Ein Strahl der göttlichen Wahrheit wird euch unterstützen. Es ist eine eisblaue Energie, direkt aus dem Gottes- und Christusbewusstsein. Speziell beauftragte Engel werden diesen Strahl zur Erde bringen, und er wird eine ausreichend lange Zeit fließen. Beginn dieses Strahls war der 31. März 2012. An diesem Tag öffneten sich die Tore, und diese Energie wurde installiert, um euch in dieses Wahrheitsbewusstsein zu begleiten, zu stärken und zu stützen. Seid gewiss, ihr werdet spüren, wenn die Wirkung einsetzt.

In vielen Fällen werden sich behutsame Veränderungen ergeben, in angenehmem Tempo und sanfter Bewusstwerdung. Aber stellenweise wird es auch plötzliches Erwachen, starke und überraschend mitreißende Wandlungen geben. Dies geschieht meistens bei allen in dualen Systemen stark festgefahrenen Prozessen und Wertigkeiten. Dort wird es schnelle, knackende Risse geben, die sich für manche auch schmerzhaft, beängstigend oder bedrohlich gestalten können. Doch auch darin liegt dann große Kraft und eine große Chance für neue Wege in die Wahrheit.

Achtet mehr und mehr auf eure Mitte, liebe Menschenkinder, und auf seelisches Gleichgewicht. Nichts wirkt sich nachteiliger aus als Unachtsamkeit euch selbst gegenüber und ein Herauskippen aus der eigenen Seelenmitte. Stärkt eure Seelenachse durch Selbstliebe, Zuwendung und Erfüllung eurer Herzensbedürfnisse. Versucht, in grundlegender Ruhe zu verbleiben. Auch wenn die Zeiten um euch herum hektisch, stürmisch und voller Wendungen sind, verliert nicht euren Rhythmus und eure vertrauensvolle Haltung. Bleibt wie das Auge, das Zentrum im Wirbelsturm. Fühlt die Stille, die in euch herrscht, und das Außen wird vorbeiwehen, euch aber nicht mitreißen. Es wird Schneisen in die

Landschaft schlagen, aber nicht in euren Glauben und eure Ausrichtung. So könnt ihr die sein, die aus den Schneisen neue Wege machen.

Und seid nicht nur auf euch fixiert. Die neue Form einer Gemeinschaft braucht jetzt Vorläufer und ein Fundament, das aus Handlungen für andere besteht. Beginnt direkt morgen damit, zu erkunden, was ihr euren Nächsten Gutes tun könnt. Helft Familie und Freunden, bietet Zuflucht oder Zuspruch für Bekannte, Kollegen oder gar Fremde. Beginnt einfach, zum Beispiel mit einem Lächeln für eure Nachbarn, für Passanten oder den Verkäufer im Supermarkt. Fühlt Dankbarkeit für Menschen, die euch dienstbar sind, und segnet sie dafür. Helft dort, wo ihr gebeten werdet, oder freiwillig, immer ohne Erwartung auf eine Gegenleistung. Dieser Dienst an euren Nächsten wird euch klären, euch erfreuen und die Wege ebnen für die Straßenzüge der Neuen Zeit. Für den Sinn und die Funktion einer neuen Menschengemeinschaft.

Und präsentiert euch ehrlich im Außen. Steht zu euren Gedanken, Emotionen und Handlungen. Aber auch zu euren Meinungen, Träumen und Visionen. Und bleibt vorbehaltlos gegenüber der Neuen Zeit. Erwartet offen etwas Gutes und Neues, ohne dass ihr euch in konkreten Vorstellungen verliert. Vertraut, und es wird geschehen. Folgt den helfenden Energien aus Gottes Reichen und stützt euch auf seine Gnade und Güte.

Schließt die Wahrheit in euer Herz. Lebt, liebt und lächelt ganz aus dieser Wahrheit heraus, und die goldenen Dimensionen werden euch erreichen. Ganz leicht und in Liebe.

In Liebe und Gedenken,

LADY PORTIA

Hilarion: Das Wissen des Universums

„Sag, lieber Gott, wo finde ich Allwissenheit und Antworten auf alle meine Fragen?"

„Überall, geliebte Seele. In jedem Stück Erde, jedem Sandkorn, jedem Wassertropfen. Du kannst die Elemente befragen, jedes Blatt oder jeden Stern. Alles ist in allem. Alles weiß von allem. Du könntest sogar in dir selbst schauen."

Hallo geliebtes Kind, na endlich! Ich dachte schon, wir finden am heutigen Tage keinen Platz mehr für das Notieren meiner Worte. Umso mehr freue ich mich nun darüber.

Das Universum ist viel mehr als das astronomische und physikalische Umfeld, das ihr mehr und mehr erforscht. Es ist nicht nur ungeahnte Weite, kaum fassbare Unendlichkeit. Es ist mehr als Schwingung, Sternenmaterie, Schwerelosigkeit und all die Galaxien und Sternensysteme. Das Universum ist das unendliche Meer des tiefsten Wissens.

Zwischen und in allen Atomen, Teilchen, Energien und Schwingungen liegt – wie in einem Zellzwischenraum – die tiefste Bewusstheit seelischen und göttlichen Wissens. Dort, wo man zunächst nichts sieht und auch nichts messen kann (noch nicht), liegt in viel höherer und anderer Schwingung nicht etwa nichts, sondern ALLES. Hier treffen sich in Symbiose die Weisheit aller Dinge, das Wissen aller Seelen, die Vergangenheit, Gegenwart und die Zukunft aller göttlichen Pläne.

Ich denke, ihr macht euch (noch) kein Bild von der Mächtigkeit und der unbändigen Kraft dieser Energie. Das Urwissen, das ALL-Wissen und das Alles-verstehen-Können sind dort verankert. Und auch im noch so kleinsten Atom oder Nanoteilchen steckt diese gleiche Wissensallmacht ebenso wie in der weitesten Weite des Weltalls. In der Genetik habt ihr dieses Prinzip bereits erkannt. In jeder Zelle, in jedem Genom, in jedem DNS-Strang sitzt der gleiche, „gesamte" Bauplan des ganzen Körpers (und auch euer Seelenbauplan, aber dies könnt ihr noch nicht sehen). Doch nicht jede Zelle nutzt in ihrer Ausprägung den gesamten Bauplan, sondern nimmt nur bestimmte Anteile und Funktionen heraus.

Im Universum ist es anders. Hier ist in jedem mit Wissen gefüllten Raum das gleiche und gesamte Wissen anzutreffen und in seiner ganzen Wirkung nutzbar. Jede „Wissensblase" besitzt so die identische, energetische Kraft/Schöpferkraft. Würdet ihr in diesen Wissensraum eintauchen, wärt ihr erfüllt von diesem kompletten Alles-Wissen, der göttlichen Weisheit.

Es gäbe keine Fragen mehr, auch wenn ihr nicht bewusst alle Antworten kennt. Die Qualität und Energie reichen aus, um tiefsten Sinn und Glauben in eurem Herzen zu verankern. Göttlichkeit und Sinnhaftigkeit in jeder Form von Leben zu sehen. Die Schwingung allein brächte euch gleichzeitig sowohl in die Weisheit, als auch in beruhigende Nicht-Wissenheit.

Euer Horizont im Geist wäre grenzenlos. Alles wäre machbar. Aber es wäre auch nicht mehr alles notwendig. Gegensätze sind in diesem Weisheitsfeld harmonische Funktionsprinzipien und Regelkreise. Statt Problemstellungen sind nur Erfahrungen, Ausprobieren und unterschiedliche Wege vorhanden. Statt Schuld gibt es nur Verantwortung, statt negativen Dingen nur Wege in die Liebe und in die Kraft der göttlichen Liebe. All das wird bewirkt, wenn ihr in Kontakt kommt und so Teil dieses ALL-WISSENS werdet. Damit angefüllt, erklimmt ihr alle Stufen des Aufstiegs. Je mehr ihr mit dem Wissen des Universums verschmelzt, desto höher werdet ihr aufsteigen, bis hin zur höchsten paradiesischen Göttlichkeit.

Natürlich ist ein Weg vonnöten, ein Weg dorthin. Es ist kein physischer Weg. Nichts, wo ihr mit einer Raumfähre hingelangen könntet. Der Weg ins Wissen des Universums führt nur über eure Bewusstheit und durch euer Herz.

Und denkt nun nicht, das müsste Tausende von Jahren dauern. Das sind Worte des Verstands, des Egos, der Logik. Ihr wisst oft (noch) nicht, wie weit ihr euer Bewusstsein wirklich ausdehnen könnt. Welch ungeahntes Schöpferpotenzial, welch kräftige Energie ihr jetzt schon fähig seid, freizusetzen. Allein durch Glaube im Herzen, Liebe, Bewusstheit und über die Ausrichtung eures Bewusstseins. Deshalb ist der Weg ab 2012 und darüber hinaus so wichtig.

Nutzt jede Zeit, um euch zu sammeln und zu stärken. Je mehr Seelen es werden, die anfangen „zu sehen", zu erkennen und sich Lichtenergien anzueignen, desto erreichbarer, greifbarer wird der Erfolg sein. Der Aufstieg in höhere Dimensionen. Zurück zum Frieden der Quelle, zurück in die Liebe, ins Heil der Seelen. Lernt weiter, „kämpft" weiter und glaubt dem Wissen eures Herzens. Dann werdet ihr unbeirrt diese Zeit erreichen, nach der sich schon so viele von euch sehnen. Ihr könnt ins Licht zurückfließen und den Schatz des Wissens aus dem Universum wieder bergen. Glaubt daran! Wir alle helfen euch.

In Liebe und Licht,

HILARION

Wottana: Aufmerksamkeit für unsere Erde

Es wäre töricht zu glauben, dass wir nur zu Gast sind auf der Erde und eben darauf wohnen. Alles an uns ist ebenso Schöpfung, ebenso Erde und Natur. Wir sind selbst auch Erde und ein lebendes Organ im Schöpfungskörper. Allerdings kann es nicht schaden, sich wie ein vorbildlicher Gast auf der Erde zu benehmen.

☆☆☆

Seid gegrüßt von Gottes Energien, liebe Menschenseelen. Seid gegrüßt von mir als Vertreter der göttlichen Schöpfungsenergien, als Hüter des Erdenschatzes, als Wissender über die Natur und ihre Gesetze.

Seit Millionen Jahren ist die Erde eine lebende und belebte Energieform. Sie ist die Form von lebenden Elementen, die Fusion von Grob- und Feinstofflichkeit, verbunden mit dem Netzwerk von Schöpfung, Wachstum und Leben. Sie beherbergt Leben und alle Lebenszyklen, die es gibt. Und gleichzeitig ist sie selbst innerhalb ihres eigenen Zyklus von Wachsen, Werden und Vergehen unterwegs. Eine Ansammlung von Teilchen und kleinsten Atomen und Zellen, die sich verfestigt und verbunden haben – das war der Startmoment des Erdenkörpers. Als feinstoffliche Version gab es die Erde natürlich schon, mit allen Ausprägungen, Natursystemen und Regelkreisen, die ihr heute kennt. Gott hat diese Version zusammen mit Seelengruppen erstellt und geprägt. Nach und nach, über viele lange Zeiten, hat sich diese Version erfüllt und manifestiert. Aus kleinsten Atomen wurden ganze Ökosysteme, Landschaften und Formen. Und die Welt in ihrer ganzen Vielfalt und Artenvielfalt an Lebewesen.

Der Werdegang mag euch sicher bekannt vorkommen: Es ist das Entwicklungsprinzip allen Lebens, auch des euren. Aus einem Häuflein Zellen entstehen Zusammenschlüsse, Zellgebilde, Körperformationen und schließlich der Mensch gemäß seinem genetischen Bauplan. Mit allen Funktionssystemen der Anatomie und allem Wachstum, das zum Leben gehört.

Auch ihr lebt das Prinzip der Schöpfung, genau wie die Erde dies tut. Und natürlich seid ihr im gleichen Netz von Schöpfung, Geburt, Wachstum und Vergehen verwoben. Alle Lebens- und Energieformen sind das. Dieser Zyklus als Ganzes währt natürlich ewiglich fort. Somit gibt es keinen echten Tod, sondern nur Energie in Bewegung.

Und wenn ihr die Erde und die Natur in all ihren wunderbaren Formen anseht: Ja, es ist ein Wunder, erschaffen durch Gott und alle Seelenkräfte. Und auch ihr als Menschen seid in eurer Verbindung von Körper und Seele ein lebendes Wunder. Ihr seid Schöpfung und Schöpfer zugleich – ebenbürtig mit der Erde. Ebenbürtig mit der Seele der Erde: Lady Gaia, die ihren Geist und ihre Seelenkraft der Erde schenkt und diese Kräfte verkörpert. Ihre Seele dient der Erde als Seelenausdruck.

Doch trotz dieser Ebenbürtigkeit ist die Verbindung zwischen euch und der Erdenseele nicht mehr im Gleichgewicht. Die Ebenbürtigkeit ist euch nicht mehr ausreichend bewusst. Ihr sollt mit der Erde in Einklang leben, nicht hergehen und sie ausbeuten. Euch nicht ihrer in extrem unausgewogener Weise bedienen. Es besteht leider sehr viel Missachtung, Raubbau und Verantwortungslosigkeit, bis hin zur Gleichgültigkeit gegenüber eurer einzigen Heimat Welt. Ihr freut euch über ihre Schönheit, ihren Abwechslungsreichtum, ihre Schätze und Ernten, die sie hervorbringt. Doch ihr achtet sie nicht genug und seid oft gedankenlos in eurem Tun und den Konsequenzen.

Seid aufmerksamer! Werdet dankbarer – jeden Tag! Spürt wieder das Wesen und die Seele der Erde. Macht euch klar, dass ihr keine Gäste oder Benutzer dieser Erde seid. Ihr seid ein Teil dieses Kosmos, in Gemeinschaft und Bündnis mit dieser Welt. Darum wird es Zeit, dass ihr euch wieder wie Partner verhaltet, mit Rechten, Pflichten, Fürsorge und Respekt füreinander.

Die Erde leistet ihren Beitrag bedingungslos. Sie gibt euch Raum und Heimat, nährt, trägt euch und stärkt eure Kräfte und Erdung. Bereitwillig schenkt sie euch Schätze, Früchte und Ernten. Und im Rahmen eines Zyklus von Geben und Nehmen (ihr bestellt ja auch Äcker und pflanzt Neues) ist dies auch völlig in der Ordnung. Doch Gier und übersteigerte Bedürfnisse, aber auch angstvolles Mangeldenken, führen zu einer Übersteigerung dieser Prozesse.

Die Böden werden „überbestellt", bis sie ausgelaugt und leer sind. Der Abbau von Bodenschätzen, Bergen, Wäldern, die Überfischung in den Meeren und gleichzeitige Überzüchtung von Lebewesen in Teichen und Ställen bringen die natürliche Ordnung ins Chaos. Ihr steigert euch in einen Überfluss hinein, den ihr schon jetzt nicht mehr bewältigen könnt. Das zeigt schon die ungleiche Verteilung von Nahrung und Wohlstand in eurer Welt. Die eine Hälfte hungert bitterlich, die andere muss Nahrungsmittel vernichten, um der Mengen Herr zu werden und die Märkte zu reglementieren. Seid ihr sicher, hier alles im Griff zu haben?

Die Erde hat nur endliche Kapazitäten, trotz aller Belastbarkeit fragile Ökosysteme und eine verwundbare Atmosphäre und Aura. Irgendwann wird sie sich im Gesetz des (Lebens-)Ausgleichs zur Wehr setzen müssen. Und sie tut es bereits. All die Erdbeben, Flutkatastrophen, Brände und Tsunamis sind Zeichen des Ausgleichs und der Gegenwehr, aber auch der Reinigung der Erde. Und in solchen Momenten stellt ihr immer wieder fest, wie wenig Kontrolle ihr über die Naturgewalten besitzt. Ihr könnt sie vielleicht vorhersagen, aber nicht beeinflussen. Dann fühlt ihr die Macht der Natur, Angst, aber auch Ehrfurcht. Die Einschätzung von Mensch und Natur gerät wieder in Balance. Bewusstheit und Aufmerksamkeit erreichen euch. Auch das ist der Sinn, der in derartigen Ausbrüchen liegt. Einfacher ist es natürlich, wenn ihr freiwillig und aus eurem Herzen heraus nach mehr Bewusstsein für die Erde strebt. Die harte Lektion ist nicht vonnöten.

Investiert wieder in Aufmerksamkeit und in Liebe für diese Erde. Beobachtet sie, respektiert sie und schaut auch nach ihren Bedürfnissen. Pflegt euer Umfeld und eure Umwelt. Dafür braucht niemand zum „Weltenretter" oder Umweltrebellen zu werden. Ihr könnt einfach vor der eigenen Tür anfangen. Achtet auf euer umweltfreundliches und nachhaltig bedachtes Verhalten. Wo könnt ihr die Natur bewahren, schützen, reinigen? Wie könnt ihr angemessen die Ressourcen der Erde verwenden? Maßhalten und sinnvolles Wirtschaften ohne Gier und mit Fairness sind angesagt. Damit ist schon viel erreicht, wenn jeder es für sich tut.

Wenn jeder Erdenbürger jeden Tag nur ein Stück Müll aus der Umgebung aufsammeln würde, wie viel sauberer wäre die Erde nur nach einer Woche? Viele kleine achtsame Schritte führen eben auch zu großen Ergebnissen, wobei die großen Maßnahmen, die von Ländern, Regierungen und Unternehmen getroffen werden, auch wichtig und erforderlich sind. Aber auch dies könnt ihr mit beeinflussen, mehr als ihr glaubt. Allein durch euer Bewusstsein und eure Ausrichtung und Handlungen, die im Gleichklang mit diesem Bewusstsein sind.

Vergesst nie die Macht eurer Gedanken! Unterschätzt nicht die Fülle an Einfluss, den Emotionen erreichen können!

Fühlt euch wieder als Teil des Kosmos und der Schöpfung. Was ihr Nachteiliges an der Erde tut, wirkt auch nachteilig auf euch. Was ihr Gutes investiert, wird auch gut auf euch wirken und sich sogar potenzieren. Doch Vorsicht: Auch die schlechten Handlungen haben dieses Merkmal.

Die Welt ist doch so wunderbar und alles, was darauf lebt. Und die Erde/der Kosmos hören nicht mit den sichtbaren Dingen auf. Es gibt keine Grenze, keinen Zaun durch materielle Formen. Nach diesem „Zaun" geht es weiter, und einige von euch können bereits darüber hinaus sehen und fühlen. Eine Welt hört nicht auf, nur weil etwas nicht mehr sichtbar ist. Auf vielen anderen Schwingungsebenen und Frequenzen gibt es weiteres Leben, Energieformen, auch Ökosysteme und kosmische Varianten der Welt. Auch dort leben Wesen, Pflanzenarten, Formationen lebender Materie. Und auch wenn ihr diese Dimensionen nicht wahrnehmen könnt, seid ihr damit verbunden.

Stellt euch einen Fächer vor, der ausgebreitet ist. Jede Facette, jedes Element davon ist eine Welt in seiner ganz eigenen Energieschwingung. Sie liegen nebeneinander, sind jedoch alle miteinander verbunden, und jede Bewegung des Fächers wird von allen Teilen mit ausgeführt und wahrgenommen. Fällt ein Teil heraus oder zerbricht, gibt es natürlich noch den Fächer, aber er hat an Schönheit, Dynamik, Schutzkraft und Funktion verloren. Er ist nicht mehr perfekt.

Deshalb verliert bitte nicht das Bewusstsein für die Verkettung der Systeme und die Abhängigkeiten, in denen sie miteinander stehen. Nichts ist ganz für sich, und nichts kann für sich allein existieren.

Nehmt wieder Verbindung auf zur Erde und zu allen Wesenheiten darauf. Ehrt und schützt das Lebendige!

Bestaunt die Wunder des Lebens und lasst euch verzaubern. Fühlt die Kraft, die Liebe und die Magie der Schöpfung und des Werdens. Und gebt alle Energie in den Erhalt von Natur, Erde und Kosmos. Dann werden alle überleben.

In Ehre und Liebe,

WOTTANA

Sanat Kumara: Die Aufmerksamkeit für die Verbindung von Himmel und Erde

*Ihr dürft der Liebe glauben.
In jedem Welten-Augenblick.*

☆☆☆

Guten Abend, liebes Kind. In den letzten zwei Tagen hast du schon meine Schwingung und Energie gespürt. Aber die Botschaft kann erst jetzt zu dir gelangen. Die Distanzen zwischen Venus und Erde brauchen manchmal doch mehr Zeit als gedacht. Da bin ich selbst oft überrascht.

Distanzen und verschiedene Dimensionsebenen liegen auch zwischen dem Erden- und dem Himmelreich oder dem göttlichen Kosmos, wie wir es oft nennen. Hört auf, die Entfernungen und Lichtjahre zum Himmel zu messen und die Wege zu den Himmelskörpern, Planeten und Sternen zu erkunden. Die Ergebnisse mögen richtig und faktisch präzise sein. Aber was nutzen euch diese Daten, wenn ihr doch eher spirituelle und geistige Dimensionen durchschreiten müsst, um eurem „Himmel" und Aufstieg nahezukommen. Kilometer, Distanzen – sie sind nur Zahlen ohne Ausblick. Die Planetenkonstellationen, das Wissen um weitere Galaxien sind Fakten, aber keine Wegweiser. Über materielle Physis werdet ihr Wissen erschließen, aber weder Weisheit noch Glauben erlangen.

Und der Glaube hat so viel Kraft. Mit dem Glauben könnt ihr in kürzester Zeit viel mehr Lichtjahre zurücklegen, als ihr je eine Entfernung gemessen habt. Der Glaube schlägt die Brücken, macht euch groß. Dabei ist nicht nur der Glaube an Gottes Liebe und seine Unsterblichkeit gemeint, auch der an euch selbst ist ein entscheidender Faktor. Er trägt euch „hinauf" in neue Dimensionen, in eure Göttlichkeit.

Gott könnte nichts erschaffen oder bewirken, hätte er nicht unendlichen Glauben in sich und auch in euch sowie in alle seine Schöpfungen. Dieser Punkt wird oft übersehen, wenn es um die Erläuterung von Schöpferkraft und Manifestationen geht. Sehr viel Kraft und Glaube wird in die Absicht gelegt, etwas zu manifestieren. Sobald sich Ergebnisse zeigen, wird diese Kraft zu früh zurückgenommen. Man speist sie nicht in die gerade werdenden Ergebnisse hinein, die deshalb anfällig werden für Zweifel, Ängste oder Abrede durch andere.

Es ist, als hättet ihr ein Samenkorn in die Erde gepflanzt und es durch konzentrierte Aufmerksamkeit mit Energie versorgt. Schließlich durchstößt eine kleine Pflanze, ein kleiner Trieb, die Erddecke und kommt ans Licht. Mit diesem ersten Ergebnis lasst ihr dann davon ab. Der „Rest" wird schon kommen und weiterwachsen. Mit viel Glück geschieht es auch. Aber genauso gut kann dieses Pflänzchen klein bleiben und am Ende verdorren, weil die vorhandene Energie doch nicht reichte.

Die Enttäuschung ist groß, und ihr sucht viele Gründe im Außen, warum diese Schöpfung nicht sein durfte. Dabei habt ihr nur zu früh euren Blick, eure Aufmerksamkeit abgewandt, auch eurer eigenen Schöpferkraft gegenüber.

Aufmerksamkeit ist ein wichtiger Schlüssel, um die Verbindung bis hin zur Verschmelzung von Erdendimensionen mit dem Himmel zu erreichen. Denn dieses Stadium liegt vor dem sogenannten Aufstieg, den ihr alle erwartet.

Ein Aufstieg geschieht nur, wenn ausreichende Verbindungen, Wege und Stufengerüste vorhanden sind. Wie solltet ihr sonst nach oben kommen? Frei schwebend? Sicher nicht, denn diese Form ist zwar möglich, aber ein zu hoher Sprung über Distanzen hinweg. Dies wäre ein zu schneller Sprung ohne gelebte Erfahrungen, Zwischenschritte und Pausen. Glaubt mir, weder euer Bewusstsein noch eure Körpermaterie würden ein solches Szenario sicher und stabil überstehen.

Somit steht vor dem Aufstieg (der ja nur ein letzter Schritt in einer langen Kette ist), eine Zusammenführung, eine Fusion der Ebenen zwischen Erde und Himmel/Kosmos.

Die Distanz wird nach und nach überbrückt, und man bewegt Ebenen aufeinander zu. Auf *diesen* Prozess ist zunächst alle Aufmerksamkeit zu legen, bis der Tag der „Endstufe" gekommen ist.

Zwar kommt der „Himmel" euch mit allen möglichen Kräften entgegen, aber die Hauptarbeit ist natürlich von „unten nach oben" zu leisten. Schließlich können die höheren Dimensionen der Energie sich nicht verkleinern. Die „niedrigeren" Schichten müssen nach oben kommen. Sie müssen nach und nach an Kraft gewinnen und ihre Schwingungen erhöhen. Diese Schwingungsanhebung passiert im Außen durch den (physikalischen) Anstieg der Erdenergie. Und im Kern (im inneren Bewusstsein der Erde und des Kosmos) durch Bewusstseins- und Schwingungserhöhung von allen Seiten.

Wie vollzieht sich dieser innere Anstieg? Der erste Schritt liegt wieder in der Aufmerksamkeit – euch selbst und eurem Leben gegenüber. Schaut, was dort passiert, welche Aspekte noch beschwerlich oder ungeklärt sind, wo Heilung und Annahme benötigt werden und ob alles noch vorhandene Leidvolle im Außen nicht doch etwas mit euch und eurem Inneren zu tun hat? Erkennt aber auch alle guten Entwicklungen und Ergebnisse, die vorliegen und die ihr schon erreicht habt. Auf diesem Planeten geschieht gerade so viel an Heilung. So viele dynamische Energieprozesse wirken auf euer Leben und dessen Entwicklungsstufen. Bleibt auch aufmerksam, um diese Bewegungen zu bemerken.

Erst im nächsten Schritt – wenn ihr wisst, wie und wo eure Position aktuell ist – könnt ihr auf einen seelischen Aufstieg hinwirken. Und bevor ihr euch zu früh um andere

Menschen oder Seelen kümmert: Bleibt bei euch und klärt so viele Dinge wie möglich. Seht nicht weg, falls es mal schwierig wird. Bittet um Hilfe, und sie wird geschehen, damit ihr noch weiter vorankommt auf dem Weg der Klärung und Heilung. Auch wir haben ein Interesse daran.

Wo könnt ihr noch Aufmerksamkeit einsetzen? Prüft stets auf Wahrheit und Klarheit. Prüft alle Fakten, die euch begegnen, so gut ihr könnt. Dann prüft eure eigenen Gedanken dazu. Was ist Wahrheit? Was ist subjektiv, spekulativ und zunächst ungeprüft? Dadurch filtert ihr das Wesen der Dinge und das Wesentliche an sich heraus, das es wert ist, sich damit zu beschäftigen. Füllt eure Zeit nicht mehr mit Gerüchten, Klagen, Anklagen und Klischees. Nehmt nur noch das in euer Bewusstsein, was es tatsächlich gibt. Hat es gute Qualitäten, dann stärkt euch daran. Ist es heilungsbedürftig und „ohne Licht", dann versucht es zu wandeln. Und auch hier könnt ihr immer Hilfe erbitten.

Gebt Aufmerksamkeit in eure Motivation und euer Tun. Alles, was ihr tut oder geschehen lasst – seid ihr konform damit? Gibt es euch Sinn, Kraft und Freude? Ist es eure Wahrheit? Wenn ihr spürt, dass etwas energetisch nicht (zu euch) passt oder es keine guten Wirkungen mit sich bringen wird: Haltet an! Prüft Alternativen. Es gibt immer mehr als eine Wahl. Ihr könnt das Tun anders gestalten oder einen ganz neuen Weg wählen. Auch ein Ablassen von einer Sache kann eine Möglichkeit sein.

Bleibt bei euch und in eurer Mitte. Dann könnt ihr am besten herausfinden, welches Tun eine Handlung in Liebe und Licht ist.

Vor allem die Liebe bringt euch zum Ziel. Die Liebe trägt alle Seelen auf weichen, samtigen Schwingen voran. Eure Aura wird weich und dennoch prall gefüllt sein mit Licht. Ihr werdet innerliches Schweben spüren, eine große Herzenswärme und Erfüllung, je weiter ihr dem Weg der Liebe folgt.

So steigt das Bewusstsein von Seele und Erde nach oben, um am Ende mit den himmlischen Sphären zu tanzen und innig umarmt das große göttliche Licht zu bilden, das alles in Frieden, Geborgenheit und endlose Freude einhüllen wird.

Nun, da ihr dies gelesen habt, schließt eure Augen und spürt mein rot-goldenes Licht der Liebe, wie es in euer tiefstes Herz hineinströmt und euch trägt.

Nehmt dieses Geschenk und geht dann lächelnd weiter auf eurem Weg, ihr lieben Menschen.

SANAT KUMARA

Lady Rowena: Das Wesen des Leidens und seine Wandlung in Kraft

Auch in den dunkelsten Nächten liegen Strahlen des Lichts verborgen. Auch die schmerzlichsten Tränen können zu leuchtenden Diamanten der Weisheit werden.

Einen ermüdenden und langen Weg hat das Leiden der Menschheit bereits hinter sich. Seit so vielen Jahrhunderten, ja, Jahrtausenden ist es Teil der menschlichen Welt und füllt das Leben eines jeden. Seit die Seelengemeinschaften beschlossen haben, einen Fall in tiefere Dimensionen zuzulassen und erneut den Weg des Aufstiegs zu gehen, sind leidvolle Erfahrungen für jede Energieform auf Erden Teil des Weges.

Vielschichtig sind hier die Formen und Ausprägungen von Leiden. Neben den rein physischen und niederen Dingen, die Menschen sich selbst, einander oder anderen Wesen antun, folgen die emotionalen, seelischen und energetischen Ebenen, auf denen Leid und Schmerz geschehen. Gewählte Lebenspläne, vorab beschlossene Erfahrungen und auch karmische Verpflichtungen oder Wechselwirkungen sind Ursachen für einen solch langen Leid-Schicksalsfaden der Welt. Wo wir doch alle aus der göttlichen Quelle sind und die gleiche Göttlichkeit in uns tragen, welchen Sinn sollte es haben, dass das Leid immer noch besteht? Wieso sind immer noch – trotz einer modernen Welt – extreme Gegensätze von Wohlstand/Fülle/Freude und Armut/Not/Sorge allgegenwärtig? Worin soll der Sinn dafür liegen?

Die Antwort, auch wenn sie zunächst schwer nachvollziehbar klingt, heißt: Es sind genau diese Gegensätze, aus denen Bewusstheit und Kraft für Verbesserungen entstehen. Ja – ganze Länder leiden. Kriege werden geführt. Es gibt Unterdrückung von Freiheit, Jagd auf Menschen, geplante Grausamkeiten, unübersehbaren Hunger, Skrupellosigkeit, maßlose, rücksichtslose Gier. Doch seht auch, was oft als Antwort darauf geschieht: Eingriffe, Rettungsaktionen, Hilfe jedweder Art, Fürsorge. Menschen (Seelen), die sich freiwillig bereit erklären zu helfen, zu verbessern, zu stützen, zu trösten, zu befreien. Sie erfüllen damit auch ihren eigenen Seelenplan.

So primitiv-dual diese Welt, dieses System auch aussehen mag: Vergesst nicht, es ist ein Weg **aller** Seelen, der Gemeinschaft der Quelle. Die Aufgabe ist der Weg zurück ins Licht, in ein hohes Bewusstsein und sorgenlose Dimensionen. Fortschritte auf dieser Reise sind nur möglich, wenn Antriebe und große Energien freigesetzt werden. Dies geschieht durch manchmal unfassbare Gegensätze. Es ist wie ein Stein, den ihr mit einer Schleuder weit nach vorne schießen wollt. Dafür muss das Gummi stark gespannt werden, damit der Stein eine große Distanz zurücklegen kann. Diese (An-)Spannung des Gummis verkörpert die Kraft, die alle menschlichen Seelen brauchen, um eine immer höhere Bewusstseinsebene zu erklimmen. Um immer höher hinauf „zu fliegen". Gegensätze zwischen Freud und Leid. Denn dies ist der Grundtenor aller konkreten Geschehnisse. Dadurch baut sich ein Feld aus Spannungsenergie auf. Diese Energie bewirkt und ermöglicht Veränderungen.

Dass diese zur positiven Seite ausschlagen, hängt mit der inneren Ausrichtung aller Lebewesen zusammen. Je mehr wir in der Liebe und in der Wahrheit sind, desto positiver wird diese Spannungsenergie aufgeladen. Alle Hilfen, Veränderungen und Verbesserungen, die in Liebe geschehen, bringen uns der Neuen Zeit Stück für Stück näher, auch wenn der Antrieb für diese Liebe aus schmerzvollen, gespannten, gegensätzlichen Faktoren stammt.

Natürlich wäre es viel angenehmer, wenn diese Liebe, dieser Antrieb, aus freien Stücken aus euch Menschen strömen würde. Immer mehr geschieht das ja auch. Aber um die große Masse aller Seelen ins Licht zu bewegen, würden diese reinen Kräfte der Menschenseelen nicht ausreichend sein. Und auch den Antrieb aus Gegensätzen und Leid habt ihr als Seelengemeinschaft einstimmig gewählt.

Das ist natürlich keine Verherrlichung, Befürwortung und kein Freispruch für das Erzeugen oder Erleiden von Schmerz. Es soll vielmehr für euch eine übergeordnete Betrachtungsweise darstellen. Eine Betrachtung aus der

Warte des göttlichen Plans, der gemeinschaftlichen Seelenverabredung und der Verabredung zwischen Seelen und Erde. Man sagt ja, dass nichts im Leben ohne Sinn ist. Und so ist es auch. Und eure Absprachen sind einige Gründe dafür. Darum habt Mitgefühl mit allen „Leidenden" (denn sie stellen sich für den großen Plan des Aufstiegs zur Verfügung), fühlt euch verantwortlich und nutzt eure Schöpferkraft, um zu helfen und Leid und Schmerz aufzulösen. Durch neue Bewusstheiten, neues Streben, neue Formen der Liebe.

Geliebte Erdenkinder, die Erde ist derzeit ein Spielfeld dualer Energien gegensätzlicher Strukturen. Gegensätze bergen Spannung in sich. Das ist Teil ihrer Bestimmung. Diese Spannungen sind es, die fast schon automatisch Antrieb schaffen, in die eine oder die andere Richtung. Durch eure Schöpferkraft seid ihr ermächtigt, diese Richtung ins Positive und zum Aufstieg oder ins Negative zu lenken. Euer Erfahrungsschatz als Seele wächst nur dadurch, dass ihr beide Seiten erleben und unterscheiden könnt. Auch das ist ein Teil eurer Aufgaben auf Erden: Erfahrungen für die Seele sammeln. Nur wenn ihr wisst, was kalt ist, könnt ihr Wärme erkennen und spüren. Nur wer weiß, was Unglück ist, weiß die Glücksmomente des Lebens zu schätzen.

Das ist keine Relativierung oder Verharmlosung von negativen oder gar bösen Dingen. All diese Momente und Erfahrungen sind schlimm, traumatisch, grausam und schmerzhaft. Doch mit diesen Worten möchte ich euch zeigen, dass gemäß der Schicksalsstruktur der jetzigen Erde diese Ausprägungen dennoch Sinn besitzen. Ein Sinn, der jedoch aus der Sicht der Leidenden und von der Warte des dualen Systems aus nicht sofort erkennbar ist. Besonders schwer ist daran zu verstehen, dass dieses Leid „beschlossene" Sache ist. Beschlossen von euch/euren Seelen, und das sogar aus der Liebe heraus. Selbst der Herzensglaube tut sich mit dieser Erkenntnis schwer. Der Verstand wird sie niemals erfassen und bestätigen können.

Jeder von euch trägt ein individuelles Maß an Leidenserfahrungen, je nach Seelenplan. Mit Blick auf Struktur und Wesenheit des Leids gibt es das Leid der einzelnen Seele, kollektives oder familiäres Leiden. Gesellschaftsformen, die Leid tragen, sowie Leidensschicksale von Ländern, Landschaften, Kontinenten und letztlich für das Weltbewusstsein als Ganzes.

Sinngebung und Erklärung für alle diese Leiden sollen nun nicht dazu führen, alle Ernsthaftigkeit daran aufzuheben. Alles bleibt schlimm, tragisch, schmerzvoll und im Grunde nicht erstrebenswert. Ihr seid weiterhin gut beraten damit, das Leid mit Mitgefühl, Respekt und dem Herzen zu betrachten und verantwortliches Handeln folgen zu lassen. Das ist wichtig, um ernsthaft und wahrhaftig im Rahmen eurer Seelenpläne und Aufgaben zu bleiben. Nur so könnt ihr alle Erfahrungen wirklich erleben.

Verdrängt nicht, seht, erkennt an und arbeitet an Auflösungen, Besserungen und dem Sieg der Liebe. Dies ist ein Teil eurer Wegstrecke mit dem Ziel zum hohen Licht. Eure Bewältigung und sinnvolle Nutzung der Dualitäten durch liebevolle, engagierte Taten und Bewusstseinstaten erhellen den Weg. Den Weg zurück in die Fünfte Dimension, und wenn ihr es wollt, auch noch weiter hinauf.

Wir stützen und bewundern euch für eure mutige Lebensentscheidung, gerade jetzt auf der Erde zu sein. Wir strahlen euch mit unserem Licht entgegen, bis sich unsere Wegstrecken und Seelenlichter treffen. Im Aufstieg werden wir wieder eins. Göttliche Liebe wird uns empfangen und tragen. Aller Schmerz, alle Ängste werden transformiert in Kräfte des göttlichen Lichts. Freut euch auf die reine Liebe, die euer Leben durchstrahlen wird. Mehr und mehr. Ihr seid schon jetzt so überaus geliebte Erdenkinder. Vergesst das nie, bleibt in eurer Kraft und eurem Licht. Ihr seid schon so weit gekommen.

Euer Licht wird die Brücke sein, die die Dualitäten und eben alle Gegensätze vereint – in eine reine, positive Schwingung, die neue Tore öffnet.

Wir freuen uns auf euch.

LADY ROWENA

Kwan Yin und Lady Maria: Die Kraft der Dankbarkeit

Geliebtes Kind, wir umarmen und trösten dich. Spüre einfach unsere Liebe, und es wird dir ein wenig besser gehen. Du hast genug Kraft, auch diese Zeit zu überstehen. Du schaffst das im Grunde ganz allein, aber wir helfen dir, damit es leichter wird und du weiter deine Aufgaben erfüllen kannst. Bleib in der Liebe, geliebtes Kind, entferne dich von Zweifel, Groll und Angst. Alles wird gut werden, wenn du deine Mitte wieder gut halten kannst. Und nutze die Kraft der Dankbarkeit.

Die Kraft der Dankbarkeit wird oft unterschätzt und zu wenig genutzt. Man sagt Danke als Akt der Höflichkeit. Und auch wenn es mit viel Herz und bewusst geschieht, bleibt es ein kurzer, ein flüchtiger Akt, dem ihr nicht nachspürt. **Und genau hier setzt die kraftvolle Wirkung der Dankbarkeit ein: in der Bewusstmachung und im Nachspüren.**

Bewusstmachung
Bewusstmachung heißt, im ersten Schritt: hinsehen, wahrnehmen, spüren. Spürt an jedem Morgen, an dem ihr erwacht, dass ihr lebt. Ein neuer Tag wird euch geschenkt, einfach so. Atmet. Ihr atmet Energie und alle Geschenke Gottes. Ganz automatisch. Einfach so. Dankt dafür.

Schaut in die Welt: der Sonnenaufgang, das Licht, der Himmel, das Wunder eures Körpers. Bemerkt die Menschen um euch. So viele sind da, die euch lieben, euch mögen, euch anlächeln und euch helfen, jeden Tag. Ist das nicht wunderschön?

Spürt und werdet euch bewusst, dass ihr Teil der Schöpfung seid, Teil der Göttlichkeit, und ihr euren Anteil habt an dieser Welt. Wenn ihr dieses Gefühl bewahren könnt, seid ihr im Bewusstsein, und ihr seid *da*. Bemerkt auch euch selbst und eure Liebe. Die Liebe zur Welt, zu anderen Menschen, zur Natur, zu Tieren, zu euren Beschäftigungen, euren Erlebnissen. Die Liebe zu euch. Allein wenn ihr dem nachspürt, ist das nicht ein riesengroßes Gefühl von Reichtum und Fülle? Nur bewirkt durch diesen Schritt der Bewusstmachung. Ist das nicht wundervoll und wunderbar einfach?

Ihr braucht es nur im Geist und mit dem Herzen tun, und schon spürt ihr diese Fülle, die euch bedingungslos aus der göttlichen Quelle zufließt. Keinen Schritt braucht ihr dafür zu gehen, keine Hand zu heben. Es ist so einfach. Tut es jeden Tag, und euer Leben füllt sich, und euer Herz wird weit für gute Taten.

Nachspüren

Etwas richtig Gutes ist euch widerfahren, und ihr bedankt euch. Vielleicht bei einem Menschen, einem geistigen Helfer oder auch bei Gott. Doch sagt nicht nur Danke und schließt dann den Vorgang ab. Sagt Danke und spürt dem nach. Geht auf die Suche nach der vollen Wirkung. Was ist passiert, welche Freude, Erleichterung oder Ähnliches empfindet ihr? Spürt das Geschenk, das euch zuteilwurde. Und dann noch einmal eure Dankbarkeit, wie sie fließt. Und dann spürt ihr wieder die Fülle des Kosmos, die darin liegt.

Nehmt diese Fülle im Ganzen an, denn darin liegt die Kraft, die der Dankbarkeit innewohnt. Diese Kraft stärkt euch, bringt euch wieder in positive, hilfreiche und gute Taten, die ihr euch und anderen tut. Und somit potenziert sich die Fülle, die Liebe, und wieder neue Dankbarkeit für alle Seelen und Wesen. Ein Kreislauf göttlicher Fülle, der immer mehr an Wirkung und Kraft gewinnt, je mehr Herzen daran teilnehmen und diesen Kreislauf nähren.

Wenn ihr dieses wahre Wesen der Dankbarkeit erkannt habt, könnt ihr irgendwann sogar dankbar sein für schwierige, schmerzhafte, ärgerliche oder leidvolle Geschehnisse. Auch wenn euer Verstand nun wieder aufschreit: Auch das sind „Geschenke" aus der göttlichen Fülle. Es sind Erfahrungen, die ihr euch auf einer höheren Seelenebene gewünscht habt zu leben. Es sind Chancen, *alle Arten* von Erfahrungen zu machen. Chancen, innerlich zu wachsen, Weisheit zu erfahren, stärker zu werden. Oder es sind Begebenheiten, die euch Wahrheiten erkennen, Entscheidungen oder Änderungen treffen lassen. Oder es dient der Bewusstwerdung eures Seins.

Wer Schmerz erfährt, weiß die Unbeschwertheit zu schätzen. Wer Angst hatte und sie bewältigen konnte, wird die Entspannung danach wirklich begrüßen. Und das ist die Kraft, die ihr aus dem Leiden schöpfen könnt: Wertschätzung und Dankbarkeit für das jeweils positive Gegenteil der gemachten Leidenserfahrung. Und gleichzeitig dann auch Dankbarkeit für die leidvolle Erfahrung selbst. Und wenn ihr schwierige Situationen in gute wandeln könnt – egal, in welcher Intensität diese verlaufen –, dann seid ihr auch wieder dankbar für den Wandel, die Bewältigung, die Hilfe. Und der gleiche Kreislauf der Fülle kann wieder genährt werden.

So seht, dass in jeder Form des Lebens die Kraft der göttlichen Liebe und Fülle steckt. Alles birgt ein Geschenk, einen Sinn. Demnach ist nichts gut oder schlecht auf dieser Welt. Es IST einfach, in seiner ihm bestimmten Form. Teil der Schöpfung, Teil Gottes, Teil unserer Seelenwahl. Darum fürchtet und verurteilt nicht, wenn euch auch negative Dinge widerfahren. Nehmt sie an und werdet euch bewusst, was geschieht und warum. Nehmt eure Verantwortung und Schöpfermacht dafür an, und es wird euch leichterfallen, diese Erfahrungen anzunehmen und, vor allem: sie zu wandeln.

Liebe Kinder, im Wandel beginnt eure Schöpferkraft!

Hier zeigt sie sich im Grunde bei jedem Menschen. Viele glauben noch, sie könnten nur in bestimmten Grenzen ihr Leben verändern und vieles andere müsse ge- und ertragen werden. Doch das stimmt nur bedingt. Ihr habt machtvolle Kraft für den Wandel, für Veränderung, Transformation und sogar Neuschöpfung. Besonders kraftvoll geschehen diese Dinge, wenn sie aus positiven Kräften, aus der Herzensliebe und in Reinheit mit der göttlichen

Ordnung geschehen. Dass niemand dabei verletzt wird, darauf solltet ihr stets achten.

Natürlich bleibt euch letztendlich – trotz dieser Empfehlungen von uns – stets die freie Wahl, wie ihr zu transformieren und zu manifestieren gedenkt. Aber die größte Kraft dabei liegt in der Liebe. Sie ist wie die physikalische Hebelwirkung. Auch schwere Dinge werden plötzlich mit Leichtigkeit bewegt. Allein durch die richtige „Technik", in dem Fall: Liebe. Und jeder hat die Kraft der Wandlung, und jeder von euch hat ja schon Situationen bewältigt und verändernd eingegriffen, Entscheidungen getroffen und damit Konsequenzen erzeugt. Nichts anderes heißt Wandlung/Transformation. Und dieses Potenzial ist die Ausgangskraft für Schöpfungen. Nur sehen viele diesen Vorgang nicht in Bewusstheit als solchen an. An diesen Erklärungen seht ihr, dass jeder von euch Schöpfer ist. Und mit dem Anstieg der Bewusstheit darüber steigen auch die Kräfte zur Manifestation.

Schöpfer sein heißt eben nicht, nur Großes zu bewirken, die Schwerkraft aufzuheben oder den Regen zu stoppen – obwohl natürlich auch das möglich wäre. Schöpfen umfasst auch die kleinsten Veränderungen, denn sie sind genauso wichtig und haben die gleiche kraftvolle Wirkung wie große Transformationen.

Und habt keine Angst, Schöpfer zu sein. Viel Gutes wird bewirkt, auch für den Kreislauf der kosmischen Fülle. Denn gute Manifestationen erzeugen Dankbarkeit, Bewusstheit, Freude – neue Nahrung für den goldenen Kreislauf der Fülle und dessen Ausweitung über die ganze Erde und die Seelenbevölkerung. Es ist euch mehr als erlaubt, in eure Kraft für Manifestation und Transformation zu kommen.

Und jetzt spürt noch einmal in euer Herz, öffnet es weit, mitten hinein in den Kosmos. Fühlt die Kraft des Lichts von überallher. Fühlt die Bindung zum Universum, bemerkt euer Band, das euch mit dem Großen Ganzen der göttlichen Schöpfung verbindet. Dies wird immer die Quelle sein, die ihr aufsuchen könnt, um eure Schöpfungsgedanken und Kräfte zu stärken. Lasst die kosmische Kraft über diese Schnur zu euch strömen, und ihr werdet überrascht sein, wie viel mehr plötzlich möglich wird in eurem Leben und Herzen. Bleibt bewusst und umsichtig damit, aber schöpft reichlich und mit Freude aus dieser Quelle. Wir freuen uns, wenn dies geschieht.

In Liebe und Fülle,

KWAN YIN und LADY MARIA

Lanto: Die Arbeit mit euren Kräften und Grenzen

Liebe Helferin, du musstest dir erst einen Block kaufen. Ein Fingerzeig von mir. Meine Botschaft kannst du nicht direkt durch elektronische Tasten erfassen, du kannst sie nur über größere, manuelle Bewegungen kanalisieren. Ich weiß, meine Energie ist flüchtig, eilig und zügig. So bin ich kaum zu sehen, schwer zu hören und zu erfassen. Deshalb braucht es eine Art Gegengewicht und Stabilisation. Schnelles Tippen am PC hat leider nicht genügend Tiefe und Erdung dafür.

(Anmerkung: Tagelang hatte ich versucht, Lantos Worte „einzufangen". Dazu saß ich immer direkt am PC, aber die Sätze waren zu schnell und nur unvollständig. Ein Schreiben von Hand kam mit einem neu gekauften Block. Meiner Ansicht nach brauchte ich eigentlich keinen, aber wie man sieht…)

Ich möchte über Grenzen zu euch sprechen und über den Einfluss von Grenzen auf eure Kräfte und Fähigkeiten. Grenzen sind unterschiedlich zu sehen und einzuordnen. Es gibt naturgegebene und physikalische Grenzen. Es gibt Vernunft- und Ethikgrenzen. Und es gibt für jeden individuelle Grenzen oder eher Begrenzungen, die ihr selbst setzt. Naturgegeben sind Schwerkraft, Licht und Schatten, Tag und Dunkelheit oder einfach die Tatsache, dass körperliche Existenzen endlich sind und vergänglich. Physikalische Grenzen sind alle messbaren Werte und Ergebnisse. Ethische Grenzen entstehen durch gesellschaftliches, moralisches Wirken der Erdenseelen und durch die Art ihrer Gemeinschaften. Vernunftgrenzen basieren auf allen logischen Aspekten, die das Gehirn hervorbringen kann.

Alle diese Grenzen sind beweisbar, darstellbar und oft dokumentiert. Die Aussage beziehungsweise die Bewertung, dass sie unumstößlich oder unüberwindbar sind, ist jedoch eine individuell menschliche Grenze oder Begrenzung. Subjektive Grenzen entstehen durch menschliche Bewertungen und Einschätzungen und den Glauben an rein logische Ergebnisse. Grenzen sind jedoch **immer** verschiebbar, dehnbar, überschreitbar.

Losgelöst von allen Zusammenhängen sind Grenzen letztlich nur Haltelinien, die helfen, die Welt/Umwelt zu strukturieren und zu modellieren. Als Seelen in menschlicher/körperlicher Inkarnation besteht eure Sicht der Dinge aus emotionalen, intuitiven und verstandesmäßigen Anteilen. Auch das rein körperliche Sehen nimmt gewissen Einfluss auf die Beurteilung/Einschätzung von Situationen. Im Rahmen von Fähigkeiten und Grenzen stellt das menschliche Auge einen ersten Filter dar. Geglaubt wird alles, was auch sichtbar ist. Oder alles, was zwar vom Auge nicht erfassbar, aber durch Apparate und Messtechniken sichtbar gemacht werden kann. Abläufe und Ergebnisse können verfolgt werden.

Darüber hinaus wird es schwieriger, etwas Vertrauen und Glauben zu schenken. Denjenigen, die ihrer Intuition vertrauen und an feinstoffliche und kosmische Abläufe glauben, fällt es relativ leicht, auch den nicht sichtbaren Dingen zu vertrauen. Sie glauben auch an Fähigkeiten, die zunächst als nicht beweisbar gelten, und an die freie Verschiebbarkeit von Grenzen. Das ist ein Anfang.

Rein an den Verstand gebundene Menschen tun sich jedoch schwer. Ihre Welt bleibt limitiert durch Naturgesetze, Logik und vor allem den „Vernunft-Glauben" ihres Verstandes. Hier liegt noch viel Entwicklungspotenzial. Vernunft ist dennoch nichts Unnötiges oder gar Schlechtes. Die Vernunft grenzt den Radius eurer Welt ein, sodass sie für euch fassbar und begreifbar wird. Das unendliche Potenzial an Möglichkeiten und Manifestationen wird in geringere Mengen portioniert. So ergibt sich ein schrittweises und besseres Verstehen für euch Erdenseelen.

So viel zur Wesenheit von Grenzen:
- Sie sind vorhanden.
- Sie ergeben Strukturen.
- Sie erscheinen teilweise endlich und somit als unüberwindbar/nicht zu verschieben.
- Sie sind objektiver oder subjektiver Natur.
- Sie sind (dennoch) alle dehnbar, verschiebbar, überwindbar.
- Sie unterliegen den kosmischen Gesetzmäßigkeiten von Manifestationen.

- Sie erscheinen oft als Begrenzung, sind es aber faktisch nicht, sondern werden nur von außen so bewertet.

Was lässt sich somit über das Thema Grenzen und Fähigkeiten sagen? Fähigkeiten haben ähnliche Eigenschaften wie Grenzen. Sie sind vorhanden, zu verschieben, zu vergrößern, auszuweiten. Der Umfang und die Wirkung einer Fähigkeit hängt damit zusammen, in welche Grenzen der Mensch seine Fähigkeiten setzt.

Einige nehmen ihre Talente und Fähigkeiten durchaus wahr. Sie halten sie aber im Stillen, im kleinen Kreis und Umfeld. Andere erkennen, nutzen sie und bauen ihre Talente aus: zur Kunst, zur Fähigkeit, zu Fachgebieten. Sie pflegen und trainieren sie jeden Tag. Sie tun Gutes damit, und all das ist gut so. Aber durch den Kern der Disziplin, der darin steckt, gelangen auch sie an ihre Grenzen der Nutzbarkeit beziehungsweise bleiben auf einem Level, einem Kenntnisstand stehen.

Nur diejenigen schaffen sich grenzenlose Fähigkeiten und Möglichkeiten, die mit dem Herzen handeln, ihre Talente lieben und sie aus dem Herzen mit Freude ausleben. Sie sind dankbar für ihre Talente und verfolgen sie nur aus der Freude heraus und um ihrer selbst willen. Es liegt kein Ziel, keine Absicht darin. Vielmehr Neugierde, Wissensdurst, Spieltrieb, Lust, Spaß und reiner Genuss an den Dingen, die sie tun.

Tun aus Liebe, Freude, Bewusstheit und Dankbarkeit sind die Parameter, die unendlichen Ausbau von Fähigkeiten, alle Variationen und Spielarten, Ausdrucksformen und Wirkungen möglich machen. Tiefer Glaube an die Rechtmäßigkeit ihres Seins und die Kraft der Fähigkeiten sind die tragende Basis. Ein Fundament, das eure Talente wachhält und ewig dauern lässt. Ein Fundament, das jede positive Weiterentwicklung begünstigt und ermöglicht.

Ihr Seelen seid alle gesegnet mit vielen Fähigkeiten und wenigen besonderen Talenten. Erspürt sie und nehmt eure Macht an, sie auszuüben. Lasst euch dabei vom Glühen eures Herzens leiten, der Begeisterung eures Blutes, wann immer ihr mit diesen Fähigkeiten in Kontakt gelangt. Falls ihr eure Haupttalente noch nicht erkannt habt, setzt euch hin und schreibt zunächst eine Liste mit allen Dingen, die ihr gerne habt oder tut. Am Ende geht ihr Punkt für Punkt durch. Spürt bei jeder Notiz, welche Wirkung sie in euch entfacht. Hört dabei ganz auf euer Herz. Anhand der Reaktionen wird es euch gelingen, die Punkte zu gewichten, sodass ihr am Ende eine Fähigkeit nennen könnt, die euch über die Maßen anspricht und euer Herz tief berührt. Dann lasst euch auf dieses Thema ein.

Wie könnt ihr dieses Talent in euer Leben integrieren, damit arbeiten, es ganz und gar ausleben und in eurem Sinn gestalten? Legt dabei nicht die Maßstäbe des Verstandes an, da diese euch schnell an Zweifel oder unnötige Grenzen bringen. Glaubt und handelt mit dem Herzen.

Bleibt dabei absichts- und ziellos. Es geht nur um eine Umsetzung, wie sie *euch* die meiste Erfüllung und Freude bringt. Egal, ob es Hobby oder Beruf wird. Egal, ob freiwilliger/ehrenamtlicher Einsatz, in einer Gruppe oder allein. Sucht nach Möglichkeiten, jede Facette dieser Talente auszubauen und zu pflegen. Sucht euch Lehrer dafür, oder werdet selbst Lehrer, falls es euer Herzenswunsch ist, zu teilen und Gaben weiterzugeben.

Nur mit dem Herzen gelangt ihr in Freude und Erfüllung und würdigt so am meisten das Geschenk, das euch von Gott gegeben wurde. Es wird ihn und auch euch zutiefst erfreuen.

Verwechselt jedoch nicht das Leben/Ausleben eurer Fähigkeit mit eurer Lebensaufgabe. Zwar kann in einem Talent auch die Lebensaufgabe einer Seele liegen, aber ebenso oft sind das ganz verschiedene Bereiche und Dinge. Somit muss euer Talent nicht zwangsläufig zur Lebensaufgabe werden. Wenn es so ist, werdet ihr es spüren.

Sonst bleibt einfach in der Freude und verbringt die Zeit damit, die ihr mögt. Ihr könnt auch wechseln in eurem Tun. Doch bleibt frei im Geist. Bleibt in eurer Macht. Ihr seid es, die Talente besitzen und ausfüllen. Steht in vollstem Vertrauen dazu. Bleibt frei und grenzenlos in dem, was damit möglich ist. So erreicht ihr euer höchstes Wohl, und auch die Seelengemeinschaft erfährt dadurch großen Reichtum.

Ich muss weiter, mein Kind. So vieles ist noch zu tun und zu beweisen. Darum lebt – lebt eure Fähigkeiten, eure Seele, eure Liebe. Lebt eure tiefsten Träume.

Badet in Freude und Erfülltheit. Schwimmt im Meer eurer Möglichkeiten. Lasst euch tragen von den Wellen der Kraft eurer Talente.

Ihr seid gut darin.

LANTO

Serapis Bey: Die Reinheit der Seelenenergie

Guten Abend, mein Kind. Wie du schon weißt, stehe ich für Reinigung, Reinheit, Klärung und Selbstfindung. Wichtig sind mir die Reinheit von Aura, Lichtbahnen und Lichtkörpern, kurz: euren Seelenkörpern – so genannt im Folgenden.

Nichts strahlt so unglaublich hell wie eine geklärte Seele. Sie trägt ein unversehrtes Herz und eine weise Intuition. Die Reinheit der Seele trägt Licht in diese Welt. Ohne Worte berührt sie bewusst oder unbewusst die Aufmerksamkeit und das Herz der Menschen.

Wenn ihr den Aufstieg wollt, ist es nicht nur hilfreich, so viel Wissen wie möglich darüber zu erlangen, ihr müsst auch euer Herz und euren Seelenkörper auf die Neue Zeit vorbereiten. Nicht nur entschlossen und kraftvoll, sondern auch von möglichst vielen Blockaden, unwahren Gedanken, Energieschlacken und Anhaftungen solltet ihr gereinigt sein. Natürlich wird es nicht möglich werden, direkt nach Dezember 2012 alle Lichtkörper der Menschen zu 100 Prozent zu klären und in einen rein erleuchteten Zustand zu überführen. Aber jeder kleine Schritt, jede noch so kleine Auflösung hilft, um mehr Licht und Kraft für den Aufstieg zu generieren.

Ihr Menschen seid wie ein großes, dunkles Meer, das auf der Erdoberfläche treibt. Zunächst ist es eine glatte, dunkle Fläche, die alles Licht um sich absorbiert. Doch mit jeder Seele, die in die Befreiung, in die Liebe und in die Reinheit gelangt, leuchtet über dem dunklen „Wasser" ein Licht. Und es werden mehr und mehr Lichter. Kleine Punkte zunächst, wie Kerzenflimmern in der Nacht. Doch die Lichtkreise werden größer, weil diese Menschen immer geklärter und reiner werden. Wie bei einer Lampe mit Dimmer, deren Helligkeit man langsam und stetig erhöht. Und wenn sie stark genug ist, entzündet jede Flamme eine weitere Seele und schafft ein neues Licht. Und so drängt ihr die Dunkelheit, die Unwissenheit und die Dualität zurück.

Kraftvoll übergebt ihr Staffelstäbe des Lichts und der Erkenntnis!

So wird euer Aufstieg möglich sein. Doch es braucht die Aufmerksamkeit eines jeden auf sich selbst. Schaut eure *Lebensweise* an. Schaut eure *Gedanken*, schaut eure *Emotionen und Werte*, schaut eure *Bestimmung*, schaut eure *Chakren, Auren und Energiekörper* an. Schaut eure *Nahrung* an, die physische wie auch die geistige.

Eure Lebensweise
Geliebte Kinder, seid ihr eins mit dem Herzen und eurem Leben? Fühlt ihr euch durch die Art und Weise, wie ihr euer Leben führt, angekommen in eurer Mitte? Seid ihr unterwegs in die Richtung, die euch richtig erscheint? Um das zu klären, könnt ihr eure Seele fragen. Nehmt Kontakt auf und spürt. Nehmt euch dafür Zeit, Stille und genügend

Raum. Die Seele wird zu euch sprechen, meist ablesbar über euren Körper. Er reagiert darauf und wird euch anzeigen, ob ihr in Wahrheit, in Erfüllung lebt, oder noch auf der Suche oder gar auf dem falschen Weg seid. Vertraut auf diese Signale, auf eure Wahrnehmungen und inneren Bilder. Schaut dann konkret und bewusst an, welche Umstände, Taten, Haltungen, Pläne im Grunde nicht eurem Seelenplan entsprechen.

Manchmal lebt ihr ein Leben nur für andere. Manchmal sind eure Ziele nicht die euren. Und selbst Träume sind plötzlich nicht mehr so bedeutsam, weil ihr erkennt, dass ihr kein eigenes Motiv damit verbindet. Es ist kein Traum um des Traumes selbst willen.

Klärt unbedingt, wie viel Aufmerksamkeit und Rücksichtnahme ihr gegenüber anderen pflegt. Schränkt eure Lebensart andere Menschen deutlich ein? Zerstört ihr die Natur, die Erde, Mitmenschen oder höhere Werte mit dem, was ihr tut? Schaut hin, ob ihr im Einklang seid mit euch und der Umwelt.

Eure Gedanken

Was könnte mehr einschränken, verwirren und belasten als zu viele und vor allem unwahre Gedanken? Der Verstand denkt und denkt, ohne Unterlass. Allerdings kann er nicht immer zwischen wahr und unwahr unterscheiden. Und glaubt er unwahre Gedanken, sucht er Beweise dafür in der Außenwelt. Da Gedankenkraft äußerst machtvoll ist, manifestieren sich diese Beweise irgendwann auch. Das nennt ihr dann „sich selbst erfüllende Prophezeiung". Und meistens manifestiert ihr auf diese Weise negative Dinge und hadert dann mit dem ungerechten Schicksal. Durch die „Erfüllung" eurer Gedanken glaubt ihr sogar noch mehr an sie und gebt ihnen noch mehr Kraft. Darum prüft jeden stressvollen, leidvollen und für euch unbehaglichen Gedanken auf seine Wahrheit. Und prüft es mit dem Herzen und der Reaktion eures Körpers darauf. Wenn ihr Unwohlsein und Spannung spürt, sind die Gedanken, die ihr hegt, meistens nicht in der Wahrheit, sondern ein Produkt von Bewertungen, Mustern und unbewussten Glaubenssätzen. Einige Menschen haben bereits sehr effektive Methoden entwickelt, um Gedanken zu prüfen und zu lösen. Kümmert euch darum.

Gedankenhygiene ist immer wichtig, denn sie klärt Herz und Seele, löst und vermeidet Energieblockaden, Anhaftungen und falsche Ausrichtungen der Seele. Alle positiven, klaren, reinen Gedanken, die auf Wahrheit und Liebe beruhen, verstärken eure Reinigung und Klärung immens. Sie stützen und erhellen euren Licht- und Seelenkörper und laden eure Kräfte auf. Und – oh Wunder und Freude –, auch diese positiven Gedanken manifestieren sich in der Außenwelt!

Eure Emotionen

Neue Wege hin zu mehr Bewusstheit schaffen auch Wege zu mehr Emotionen. Das Herz und seine Wahrheiten habt ihr für lange Zeit verleugnet oder unbeachtet gelassen. Äußere, materielle Werte waren euch wichtig und galten als vorrangige Erfahrung, die ihr machen wolltet. Der Aufbau, die Ausstattung der Außenwelt und eurer Lebensräume haben euch in Anspruch genommen. Oft musste dies so sein, gerade nach Kriegen und Nöten war es wichtig, Strukturen wieder aufzubauen. Und es ist auch nichts Verwerfliches daran. Nur hat mit der Zeit eure Ausrichtung eine exzessive Form angenommen. Nach erreichter Sicherheit kam Zufriedenheit. Danach Wohlstand, und jetzt treibt es die Erfahrungswünsche bereits in die Gier und gibt materiellen Dingen eine zu hohe Priorität.

Doch jetzt, mit den ansteigenden Energien im Kosmos, schwingen die (immateriellen) Emotionen wieder höher, gelangen nach oben und kommen ins Bewusstsein zurück. Sie möchten vom Innen ins Außen treten. Das sind sowohl positive Gefühle und Schwingungen, als auch negative Empfindungen, alte Wunden und Schmerzen. Alles will nun auftauchen, erkannt, anerkannt und damit erlöst werden. Mehr und mehr erkennt man diesen Sinneswandel bei euch Menschen.

Familie, Freunde, Zusammenhalt werden wieder hoch bewertet. Immaterielle Freuden, Erlebnisse und Bedürfnisse treten wieder in den Vordergrund. Freiheit und ein tiefer intensiver Wunsch nach Wahrheit und Mitgefühl werden immer stärker zur Sehnsucht der Menschen. Nicht umsonst kommen so viele Skandale an die Öffentlichkeit. Nicht ohne Grund fallen totalitäre Regime in vielen Ländern in sich zusammen oder prallen auf die Widerstände der Bevölkerung. Alles, was nicht in der Wahrheit und der Liebe ist, wird durch die starken Aufstiegsenergien zerbrechen. Dies geschieht, weil alle negativen Schwingungen die Kraft dieser Energien nicht aushalten, nicht tragen können. Doch sie werden nicht nur zerbrechen, sondern danach in neue Bestimmungen und Kanäle transformiert. Jede Episode dieser Art, jede Veränderung in Systemen – ob sie nun durch neue Bewusstheit, positiven Antrieb oder gar gewaltvoll geschieht –, ist ein Schritt in die neue Klarheit. Ein Meilenstein hin zum Licht.

Auch im Herzen der Menschen finden diese Wandlungen statt. Immer deutlicher werden Emotionen aus euch hervortreten. Immer öfter werdet ihr bei Fragen und Entscheidungen euer Herz und eure (seelische) Intuition zu Rate ziehen. Und das ist gut so. Geht vertrauensvoll und mutig mehr und mehr auf eure Herzebene. Spürt, fühlt und, vor allem, *zeigt* eure Gefühle im Außen. Wenn ihr unzufrieden seid, sprecht konstruktiv darüber und löst euch dadurch von allem Groll. Wenn ihr Freude und Liebe für andere spürt, teilt es offen mit und beschenkt den anderen damit. Worte und Handlungen, entstanden aus Emotionen, haben eine besonders kraftvolle Energie, die sich im Außen potenziert und bis auf Karma- und höchste Seelenebenen wirkt. Also fühlt, spürt, lebt, liebt und strahlt es aus eurem Herzen hinaus. Es wird zurückkehren und euch tragen. So weit hinauf, wie ihr es heute kaum zu träumen wagt.

Eure Werte

Sie ähneln strukturell der Entwicklung der Emotionen. Alte Werte wie Strenge, übersteigerte Disziplin, Schicksalsergebenheit, Leistungsdruck, materielle Gunst, Macht, Eitelkeit, gieriger Besitz und übersteigerte Macht gesellschaftlicher Positionen werden verschwinden. „Formelle Geschichten", „schöner Schein", hineingepresst in gesellschaftliche Rangordnungen oder Korsette – all das wird hinfällig. Verabschiedet am besten schon jetzt den Ehrgeiz, solchen Zielen und Werten hinterherzustreben.

Besitz wird nur noch der Freude dienen und zur Freude aller gezeigt oder geteilt. Nicht aber, um sich höher zu stellen als andere. Alle Menschen werden weiterhin unterschiedliche Besitztümer haben. Die einen viel, die anderen weniger. Die Wertschätzung und der Respekt für einen Menschen werden jedoch für alle durchweg gleich sein. Die Sicht auf das Wertvolle eines Menschen wird entkoppelt sein vom Besitz, sobald ihr das neue Bewusstsein erlangt.

Moralische Werte werden toleranten und ethischen Werten weichen. Freiheit zur Entfaltung, zur Individualität der Seelen wird wichtiger sein. Dadurch entsteht automatisch ein Umfeld, in dem Mitgefühl, Rücksichtnahme und Gerechtigkeit genügend Raum erhalten. Ihr braucht also die Transformation der (guten) Moral nicht zu fürchten. Es wird keine negativen Auswirkungen nach sich ziehen. Vertraut auf den Prozess. Bleibt bei einer Ausrichtung auf diese neuen Werte, auch wenn viele es noch nicht tun. Wie beim Dominoeffekt werden sich die positiven Impulse fortpflanzen und nach und nach auf jeden überspringen, auch unbewusst.

Erkennt an, dass es einige Krisen geben wird, um die nicht mehr brauchbaren Werte wie übertriebenen Ehrgeiz, Egoismus, unlauteres Gewinnstreben, Gier und Kampfbereitschaft zu transformieren und zurück in die Liebe zu führen. Es ist notwendig. Doch alles wird klar werden und in die Reinheit kommen. In euch ebenso wie im Außen.

Eure Bestimmung

Wie ist Bestimmung zu verstehen? Bestimmung ist das, was ihr euch als Seelenerfahrung für eine Inkarnation erwählt habt. Diese Inkarnation kann in einem irdischen Körper jeder Ausprägung stattfinden, oder auch in anderen Ausdrucksformen, Dimensionen oder auf anderen Planeten. Natürlich gibt es in jedem Leben immer Tausende Erfahrungen. Aber es ist immer ein Hauptweg mit mehreren Grundthemen vorhanden, auf den sich jede Seele festlegt. Unbenommen bleibt dabei das Recht auf die persönliche Wahl. Immer werden auch Änderungen möglich sein, zum Beispiel wenn die Erfahrung für eure Seele zu schwer oder unlösbar wird. Auch das kann und darf vorkommen.

Wie erkennt ihr nun eure Bestimmung, Erdenkinder? Nur wenige wissen und erkennen es von Anfang an. Das sind die Menschen, die schon als Kind den Wunsch nach einem bestimmten Beruf, einer Berufung, einer Leidenschaft oder einer bestimmten Aktivität verspüren und dem folgen. Die meisten Menschen suchen jedoch auf ihrem Weg danach. Die Suche gehört übrigens zum Seelenplan dazu. Sie wird in Art und Umfang von der Seele gewählt, ebenso wie in ihrer Dauer. Und sogar unerfüllt bleibendes Suchen kann die Wahl der Seele sein. Zunächst lasst euch auf diese Suche ein und erkennt an, dass diese nicht im Eiltempo oder über Nacht geschehen kann. Das öffnet und entspannt eure Sinne und Intuition. Und dann schaut mit dem Herzen hin und spürt, welche „Klänge", Taten, Begabungen es zum Singen bringen. Der beste Beweis für Geschehnisse, die der eigenen Bestimmung entsprechen, sind Freude und Hingabe. Sobald diese Emotionen zwanglos und natürlich fließen, seid ihr bereits in eurer Bestimmung oder in einem Teil davon. Stellt euch darunter nicht immer etwas riesig Imposantes vor. Die Welt muss nicht immer den Atem dafür anhalten. Bestimmungen können ganz einfach erfüllt sein: Eine Blume, die blüht. Ein Mensch, der schöne Lieder singt. Eine Mutter, die ihre Kinder zu einem freudvollen Leben inspiriert. Ein Mensch, der gut trösten kann. Menschen, die einfach nur liebevoll sind. Tiere, die unser Herz erfreuen. Ein Apfel, der reift und herrlich schmeckt. All dies und noch viel mehr ist Bestimmung.

Für euren Aufstieg ist es wichtig, dass ihr eurer Bestimmung nahekommt. Wenn ihr die Wahrheit dazu spürt, könnt ihr zuversichtlich das neue Bewusstsein annehmen. Es sorgt für mehr Erkenntnis für eure Lebensaufgabe und ihre Realisierung.

Chakren, Aura, Energiekörper
Das Wichtigste hierbei: Sie müssen geklärt und so „sauber" wie möglich sein. Menschen, die in ihren Seelenanteilen noch völlig ungeklärt und in den trägen dualen Energien verhaftet sind, werden es viel schwerer im Aufstiegsprozess haben. Für sie wird er hohe Anstrengungen bedeuten und sehr extreme, manchmal auch brachiale Veränderungen, die jedoch als Heilgeschenke zu sehen sind. Und alle Lichtwesen, auch die schon geklärten See-

len, stützen diese Gruppe auf dem Weg in das neue Licht.

Alles, was hier schon gesagt wurde (Lebensweise, Gedanken, Werte, Emotionen, Bestimmung), trägt zur Klärung und Reinheit eures Energiekörpers bei. Dennoch könnt ihr weiter unterstützen: durch geistige Reinigungen, Klang, Musik, Freude, Meditation, Yoga, Bewegung, Glaube an Gott, an den Kosmos. Durch Segnungen an euch und andere. Vergebung ist wichtig. Je mehr Dinge ihr aufrichtig und bedingungslos vergeben könnt, desto leichter wird euer Seelenkörper, desto heller euer eigenes Licht. Und vergesst nicht, euch selbst zu vergeben und zu lieben. Jeden Tag.

Physische und geistige Nahrung

Natürlich ist auch das ein wichtiger Punkt für eure Kraft, Klarheit und die Unbeschwertheit des Lichtkörpers.

Physische Nahrung: Hier seid ihr schon längst auf dem Weg der Übertreibung, was Künstlichkeit, Unsinnigkeit und Unwahrheit angeht. Viele von euch schauen bereits hin, was sie sich wirklich einverleiben und verzichten auf allzu „angefertigte" Nahrungsmittel. Und derer werden es immer mehr. Der Anstieg der Erdenenergie kann mit Fertignahrung aus künstlichen und (energetisch) „toten" Bestandteilen, mit ungenügenden Vitalstoffen, die keine Kraft liefern, nicht bewältigt werden. Ihr werdet mit dieser Nahrung die Energie nicht halten können. Natürlichkeit der Nahrung wird somit wieder wichtig sein, ebenso wie ihre faire und achtsame Herstellung. Die Liebe am Herstellungs-/Erzeugungsprozess, die ideellen Gedanken, die Menschen damit gesund zu nähren. Strebt danach und fördert alle Hersteller, die diesen Weg verfolgen.

Lebensmittel, denen jemand ausschließlich Gewinnstreben und Gier mitgibt, schmecken fade, schal und machen niemanden wirklich satt.

Und es ist auch die geistige Nahrung, der ihr Beachtung schenken solltet. Es ist das gleiche Prinzip: Alles, was nicht in der Wahrheit ist und nur aus negativen Motiven dargeboten wird, schadet eurem Seelenwachstum und dem Wachstum einer mitfühlenden Gesellschaft, die ein Streben nach hohen Werten hat. Prüft und reflektiert immer das, was ihr hört, seht und lest, mit eurem Herzen. Prüft es auf Wahrheit und Wahrhaftigkeit und darauf, ob es überhaupt das ist, was ihr wissen und lernen wollt. Nehmt nur die Dinge in euch hinein, die sich gut und richtig für euch anfühlen. So bleibt ihr auf dem rechten Weg.

So habt ihr nun, liebe Lichtkinder, eine ganze Reihe von Hinweisen, die eure Vorbereitungen für das neue Bewusstsein stärken können. Doch ein Punkt ist darüber hinaus noch viel wichtiger, und er liegt uns geistigen Wesen sehr am Herzen: Konzentriert euch auf die Liebe!

Die Liebe. Die allumfassende Liebe Gottes und des Kosmos ist überall. In jeder Ausprägung des Lebens, in jedem Lebewesen, jedem Teil der Natur, im Klang, in Aromen, in Farben, Geschehnissen und auch in allen Emotionen. Und letztlich auch in euch.

Versucht zu lernen und sie zu sehen. Seht die Schöpfung mit allem, was sie hervorbringt. Und versucht, das Band zu Gott und die Essenz der Liebe, die darin steckt, zu sehen. Die Liebe ist in allem, selbst in den schlimmsten Katastrophen und Dramen. Auch deren Kern ist (wenn auch tief verborgen) die Liebe. Einfach und pur.

Vor allem aber seht die guten Dinge, die positiven Energien, die überall geschehen und vibrieren. Verschließt nicht euer Herz. Lasst die Essenz der Liebe strömen. Dann kann euch selbst ein kleiner Grashalm, mit Tautropfen benetzt, die in der Sonne funkeln, bis in eure tiefste Seele berühren und Tränen der Freude hervorbringen. Darum schaut nach den Wundern des Lebens. Werdet offen wie die Kinder. Alles ist möglich in Gottes Welt. Jede Erfahrung kann, darf und soll sogar gelebt werden. Diese Absprache sind alle Seelen in Liebe und Einvernehmen eingegangen. Und somit kann und darf alles geschehen, bedingungslos, frei und ohne Strafen (Gottes) auf den hohen Ebenen. Lernt also wieder, die Wunder zu sehen. Derer sind so viele um und in euch.

Die Welt dreht sich. Egal, ob mit oder ohne beseelte Menschen, Tiere und Pflanzen darauf. Die Erde kann alles überleben und überstehen. Denn sie ist Gottes Bewusstsein und ist für sich Gott. Somit kann sie fort- und alles überdauern. Ihr Menschenseelen aber habt einen fragilen Weg. Eure Wahlmöglichkeiten sind sowohl Segen, als auch große Bürde. Denn es besteht durch Wahlfreiheit auch der Weg der „falschen" oder absteigenden Wahl.

Ihr habt somit viel Verantwortung für die Zukunft. Für die Menschen, die Erde und den Aufstieg der Seelen. Natürlich kann nichts eure Seelenessenz wirklich zerstören. Diese bleibt rein und unversehrt, denn in dieser Form seid ihr ja auch Göttlichkeit. Doch schließlich wollt ihr im Hier und Jetzt des Irdischen einen Weg nachvollziehen und mit euren menschlichen Schritten ebnen. Deshalb benötigt es viel Sorgsamkeit und Bewusstsein für das Licht. Kraftsammlungen aus der Liebe, Mut und Willen für alle Schritte, die auf dem Weg zurück in die Quelle zu gehen sind. Seid gesegnet für diesen erhabenen Pfad!

In Liebe und Zuspruch,

SERAPIS BEY

Lady Nada: Worte, Wege und Gebet für mehr Selbstliebe

Sei gegrüßt, geliebtes Kind. Ich freue mich über deine Frage. Dreigeteilt ist sie, darum gehe ich bei meiner Antwort auf diese Dreiteilung ein.

Die Worte für mehr Selbstliebe finden sich in vielen Quellen, Texten, Liedern, selbst in den Farben und den Noten der Musik. Auch darin sind tröstende, liebevolle und zuversichtliche Worte der Liebe verborgen. Auch eine Farbe kann (auf energetischer Ebene) Worte äußern und abstrahlen. Wir hören sie nicht, aber wir verstehen sie mit dem Herzen. Insofern habt ihr viele Dinge um euch, die euch guttun.

Zunächst einmal Selbstliebe. Was umfasst dieses Wort? Es hat die Tiefe des Universums, denn schließlich seid ihr von Hause aus Wesen aus Liebe und ebenso tief wie das All, und somit auch so tief, wie die Selbstliebe sein kann. In ihr stecken Fürsorge, Güte und Mitgefühl für sich selbst. Aber auch Behutsamkeit, Respekt, Würde und Annahme. Annahme all eurer Seeleneigenschaften, eurer Ausprägungen und auch eures Seelenplans, den ihr euch erwählt habt. Wenn ihr euren Seelenplan verleugnet, verleugnet ihr euch selbst und verachtet eure Entscheidungen und Planungen zu euren Entwicklungen. Dadurch blockiert sich der Fluss eures Lebens, und ihr entfernt euch aus eurer Mitte, eurem inneren Frieden, und geht davon – weg von der Liebe zu euch.

Doch zurück zu den Worten, die euch Heilung geben können. Wie gesagt, stecken sie (energetisch schwingend) in fast allem: in echten geschriebenen Worten, Gedichten, Musik, Bildern, Pflanzen und Tieren. In Farben, Gesteinen und Formen. Sucht euch intuitiv die Schwingungen, die euch guttun, und umgebt euch mit ihnen. Das ist der Zuspruch, den ihr euch selbst gebt, das Geschenk an euch. Und ein Geschenk, geboren aus der reinen Absicht des Herzens, ist immer voller Liebe. Und schon strömt Liebe zu euch. Es gibt natürlich auch vereinzelte heilende Worte, die ihr euch im Stillen sagen oder darüber meditieren könnt. Diese sind:

Gott / Göttlichkeit / ICH BIN / JA / Meine Natur ist Göttlichkeit / Verzeih / Danke, Gott / Mein Herz ist Liebe / Engelkraft / Sternenglanz / Augenblick und Ewigkeit / Vernimm / Offene Tür / Stark / Unendlicher Plan / Wunderwelt.

Sprecht diese Worte und erfahrt ihre Kraft und ihren Einfluss auf den Strom eurer Selbstliebe, denn dieser wird steigen. Es gibt noch so viel mehr Worte. Geht auf die Suche danach, ihr werdet spüren, wenn ihr Worte mit dieser Kraft entdeckt. Das ist dann so, als wenn man am Ende des Regenbogens den Topf Gold findet, wie ihr sagt. Vor allem dann, wenn es ein Wortfund ist, der euer Selbst und euer Herz besonders anspricht und berührt.

Natürlich geht das auch mit Farben, Noten und allen weiteren Energien. In der richtigen Schwingung sind sie gutes Werkzeug und helfen, eure Eigenliebe und euren Selbstwert zu unterstützen.

Und welche WEGE bieten sich dar?
Ihr müsst weg vom Vorwurf, vom Zweifel, von der Verachtung, der Kritik. Fangt an, die Kritik loszulassen. Eben die, die leer und hohl ist und keinen anderen Anlass hat als den eurer eigenen Gedanken und Wertung. Lasst dieses Tun als Erstes aus, und ihr gelangt auf einen guten Weg, zurück in euer reines Herz, zurück in eure Liebe. Das gleiche gilt für den Vorwurf und den unbegründeten Zweifel. Wenn es keinen wahren Anlass im Außen, keine Handlung gibt, die Vorwurf oder Zweifel angebracht sein lassen – lasst sie weg.

Und falls doch: Bereinigt die Situation, vergebt oder bittet um Vergebung, und dann haltet nicht fest, sondern geht zurück in eure Liebe. Denn alles Wichtige wurde getan, und der Weg kann weiterführen, die Reise kann weitergehen. Blickt nicht auf Urteile, sondern seht einfach das Leben und die Welt. Was geschieht, geschieht. Was euch geschieht und euer eigenes Handeln, ist immer gut und richtig, auch bei den Dingen, die nicht rosarot und beschwerlich sind. Liebt **alle** Chancen des Schicksals. Begreift euch als perfekten Teil des großen und ganzen Plans. Umso weniger greifen Zweifel oder negative Gedanken/Emotionen bei euch ein. Gebt euch Freiheiten und überdimensionale Erlaubnisse, dann beginnt die Leichtigkeit in euch.

Das GEBET ist die stärkste Form von Worten, Gedankenenergie und Emotion. Es kann transformieren, wenn es reinen Herzens und im Gleichklang mit Gott gesprochen wird. Vertraut auf die Liebe Gottes und seine unerschöpfliche bedingungslose Hilfe und Kraft, die er euch gerne gibt. Ein guter Weg kann das folgende Gebet sein, um ganz in eure unantastbare und dauerhafte Selbstliebe zu gelangen.

Ich erblicke jeden Tag neu.
Eine neue Schöpfungsgeschichte beginnt.
Neue Geschehnisse, neue Taten, neue Energien, neue Bewandtnisse.

Mit dem Licht des Tages bin ich neu in dieser Welt.
Mit dem Glanz der Sterne schließe ich den Schöpfungsakt.

Immer gleich bleibt meine Göttlichkeit, wie ein unterirdischer Strom. Mein Wunder des Lebens. Meine Kraft der Liebe. Mein Erstrahlen im Herzen. Mein Band zu Gott. Meine Schnur zur Quelle.

Ewig bin ich. Voller Schöpfungspracht.
Ein funkelnder Stein im Mosaik des Lebens.

Nie mehr plagt mich Angst, noch Zweifel, noch Zerstörung durch meine eigene Stimme. Ich stehe zu mir und in meiner ganzen Liebe.

Ich strahle in mein eigenes Herz und schließe so den Kreislauf der göttlichen Liebe.
ICH BIN.
Ich atme.
Ich.
AMEN.

Was kann ich noch ergänzen, liebe Kinder, bevor ich schließe? Bleibt zentriert in euren guten Absichten und Taten. Seht viel mehr die guten Dinge, die durch euch selbst und andere geschehen. Urteilt nicht, wertet nicht.

Es ist, was es ist.

Das ist nicht gleichmütig, sondern die Anerkennung göttlicher Schöpfung, der Respekt dafür. Diese Anerkennung gelangt auch zurück zu euch und strahlt in eure Mitte, euer Tun, euer Herz. Würde fließt daraus, Freiheit und allumfassende Liebe.

Seid ihr vorbehaltlos in eurem Herzen, weitet sich das Tor zur inneren Freiheit. Seid geliebt, beschützt und mit Freude begrüßt in dieser Welt!

LADY NADA

Saint Germain: Die Rückkehr zum Reichtum

Gegrüßt seist du, liebes Kind. Mach dir bewusst, dass deine Aufgabe eine wichtige ist. Wir Meister sind alle sehr froh, dass wir deinen Kanal für unsere Worte nutzen können.

Die Zeiten werden vielen und immer schneller verlaufenden Veränderungen unterzogen sein. Es ist wichtig, dass ihr Erdenseelen euch darauf so gut wie möglich vorbereitet.

Einstellungen, Emotionen und Ausrichtungen sind neu zu finden und zu justieren. Vertrauen und Eintauchen in den neuen Flow sind Voraussetzung für ein Gelingen des Aufstiegs.

Macht euch bereit, ihr Kinder, geht nach innen und prüft eure Muster und Ausrichtungen. Eure Werte und Prioritäten. Prüft, wie weit ihr euch unter Umständen von den dauerhaften und wahren Werten entfernt habt, die in eurem Inneren und in Beziehungen zu anderen Menschen liegen.

Schafft einen neuen Reichtum für euch!

Nichts ist zu sagen gegen materiellen Wohlstand und Reichtümer im Außen. Natürlich dürft ihr Besitzer dessen sein, euch daran erfreuen und eine Versorgung anstreben, wie ihr sie euch wünscht und so, wie sie euch wirklich glücklich macht. Doch prüft auch hier immer wieder, *ob* euch dies glücklich macht und einen Sinn für euch liefert. Wenn nicht, seid ihr Spielball anderer Mechanismen, vom Massenbewusstsein oder anderen Zwängen, die unbemerkt die Kontrolle über euch übernommen haben.

Vernachlässigt nicht eure Authentizität und lebt tatsächlich nach euren Werten. Schaut alles an, was noch wichtig ist, und zwar für euer seelisches und inneres Wachstum. Materieller Besitz wird euch erfreuen, aber nicht erfüllen und auch nicht eure Seele nähren. Wo liegen hierfür eure Wünsche und Sehnsüchte?

Wie sieht es aus mit Nähe, Zuspruch, Geborgenheit, Verbundenheit und Liebe? Was bedeuten euch Familie, Freundschaft, Zusammenhalt und Kollegialität? Was bringt Freude in euer Leben, und welche Bestandteile würden euch Freude bringen, sind aber (noch) nicht Teil eures Lebens?

Könnt ihr Reichtum, Dankbarkeit und Freude aus euch selbst heraus schöpfen? Steht ihr zu euch und liebt euch mit all euren Fehlern und Schwächen? Könnt ihr immer JA zu euch sagen? Könnt ihr JA sagen zu euch als göttliche Schöpfung und JA sagen zum göttlichen Plan?

Testet bitte immer wieder mal, wie diese Fragen auf euch wirken und welche Antworten ihr geben könnt. Je weniger Defizite hier bestehen, desto eindeutiger seid ihr auf dem Weg des neuen Reichtums.

Der neue Reichtum bedeutet, dass ihr im Fluss und im Vertrauen seid. Ihr könnt die Schnur zur göttlichen Quelle und euer Aufgehobensein spüren und dankbar annehmen. **Ihr seid im Vertrauen, dass immer für alles gut gesorgt ist.**

Neuer Reichtum bedeutet auch eine neue Bewusstheit dessen, was ihr besitzt und empfangt. Dankbarkeit ist die Basis, um dies alles in Freude wahrzunehmen, sowohl die immateriellen als auch die materiellen Güter. Teilen spielt eine große Rolle. In diesem neuen Bewusstsein ist auch der Wunsch enthalten, mit anderen zu teilen oder auch mit Freude Anteil am Reichtum der anderen zu nehmen. Ihr gönnt euren Nächsten die Fülle, die sie besitzen, ohne Neid oder Betrübnis. Ihr freut euch für euch, aber auch ebenso ehrlich für andere. Jeder ist Teil der göttlichen Fülle, und niemand erhält dadurch weniger, dass auch ein anderer Wohlstand bekommt. Diese Ausrichtung wird jedem zu eigen werden. Sie entschärft auch jede Art von ungesundem Wettbewerb oder des gierigen Kampfs, Unterdrückung, Täuschung und rücksichtslose Anhäufung von Besitz.

Unterschiede zwischen den Menschen werden weiterhin bestehen. Es wäre auch unnatürlich, wenn plötzlich alle Millionäre wären. Aber jeder kann das erhalten und erfahren, was er braucht, und in der Art und Weise, wie seine Seele es benötigt.

Mehr noch als Kontostände oder Wertgegenstände werden jedoch die emotionalen und inneren Werte vom Wandel in den neuen Reichtum eingebunden sein. Viele sind hier noch in der Unkenntnis oder der Abkehr. Sie suchen ihr Heil in einem Zuviel an gegenständlichem Mehr und Mehr. Dies wird aber eine Sackgasse sein, denn der Zenit dieses Strebens ist irgendwann überschritten und wird in Sinnlosigkeit, Frustration und Trübsal enden.

Nichts, was im Außen erworben wird, hat Einfluss auf euren Wert als Menschen, auf eure inneren Reichtümer. Nichts Gegenständliches kann euch mit Liebe erfüllen, euch anerkennen oder tiefe Erinnerungen in euer Innerstes einbringen. Dies können nur Erlebnisse, Erfahrungen und Emotionen sowie alle Interaktionen und Begegnungen, die die reine Liebe zum Inhalt haben.

Also verfolgt nicht nur eure Geld-Kontostände. Schaut ebenso aufmerksam auf euer Seelenkonto. Welche Ströme fließen dort ein? Aus welchen Guthaben könnt ihr schöpfen und auch an andere weiterreichen? Habt ihr ausreichend Glückseligkeit dort angespart, oder seid ihr tief im Soll und müsst mit Krediten anderer planen? Seid ihr im Vertrauen und mitten im Guthaben der Liebe? Könnt ihr Liebe geben und empfangen, habt ihr einen guten Flow? Verfolgt kontinuierlich eure eigene Entwicklung.

Durch Modernisierung und Materialisierung überall in der Welt habt ihr zwar viel erreicht, aber auch viel verloren. Zum Beispiel einige Türen und Zugänge, die zu seelischem und äußerem Reichtum führen.

Erstes Tor: Der Atem
Sicher schaut ihr jetzt etwas verwirrt. Ja, es ist der Atem des Lebens, der euch in die Fülle tragen kann. Ihr habt jedoch aufgehört, ihm zu folgen. Denn dieser Atem ist die Basis für das Spüren kosmischen Vertrauens. Durch ihn steuert und stärkt ihr den Fluss der Lebensentwicklung, des Lebensplans und aller guten Möglichkeiten, die euch daraus entgegenströmen.

Mit bewusstem Atmen schließt ihr euch an den Kosmos und die sprudelnde göttliche Quelle an, spürt eure Schnur und Verbindung dorthin. Mehr ist nicht zu tun. Ganz absichtslos solltet ihr dies in einer kurzen Meditation durchführen, ohne konkrete Vorstellungen und Wünsche. Fühlt einfach, was passiert und wie ihr in die Geborgenheit des Kosmos gelangt.

Setzt oder legt euch bequem hin und spürt in eure Mitte und euren Solarplexus. Nehmt tiefe Atemzüge und verfolgt und spürt, wie euer Atem ein- und ausgeht. Stellt euch dann vor, wie mit jedem Atemzug eine silberne Schnur (eure Schnur zur Quelle) bis hinauf in die göttliche Quelle reicht, schwingt und hell zu leuchten beginnt.

Nach einer Weile könnt ihr die Verbindung, die Sicherheit und das Gehaltensein spüren. Lasst euch hineinfallen in diese Geborgenheit, hüllt euch ein, freut euch, öffnet euer Herz dafür und sagt euch, dass diese Verbindung im-

mer besteht. Es ist ein Geschenk Gottes an euch. Nichts ist dafür zu tun. Es ist ohnehin eine ewige Verbindung seit Urzeiten. Also freut euch und macht euch bewusst, dass ihr Teil dieses Ganzen seid. Immer behütet, versorgt und in der Fülle. Wenn ihr dies regelmäßig durchführt, kehrt ein offenes Tor zu euch zurück, das euch bei allen Manifestationen, Planungen und Wünschen trägt. Es nimmt auch Ängste und Druck von euch. Der Zugang zu dieser Tür ist an sich schon ein überaus wertvolles Geschenk.

Zweites Tor: Liebe und Mitgefühl

Ein wenig ist es bei euch aus der Mode und aus dem Sinn gekommen. Ethisch steht es hoch im Kurs, in dieser Richtung zu leben und zu handeln. Doch verbinden Verstand und Logik zu oft unliebsame Opferbereitschaft, Verzicht und eigenes Zurücknehmen mit den Taten, die für andere und aus liebendem Mitgefühl heraus geschehen. Dabei geht nichts dadurch verloren. Weder Besitz, Chancen, noch Zeit. Alles, was ihr aus Liebe tut, gebt, sagt, was ihr aus Mitgefühl und bedingungslos für andere Menschen, Tiere, Wesen oder die Natur bereitstellt, fließt zurück zu euch. Bereits im gleichen Moment eures Tuns könnt ihr spüren, welche Erfüllung in euch entsteht. Wie gut ist es doch mitzuerleben, dass sich ein anderer freut, sich erleichtert oder unterstützt fühlt. Somit steckt schon ein Geschenk direkt im Handeln aus Nächstenliebe.

Ein weiterer goldener Strom an Fülle und Glück wird zu euch zurückkehren. Dieser Strom hat viele Gesichter: Geschenke, Gelegenheiten, Gnade, Freude, plötzliche

Unterstützung, Abwendung von schlechten Situationen, Kraft, Schutz, Heilung, liebevolle Gesten, Erfüllung von Wünschen, freudvolle Überraschungen.

Alle Formen der Fülle gelangen zusätzlich zu euch, als Zins und Zinseszins für reine Herzenstaten. Denkt, glaubt daran und handelt nach dem Herzen.

Drittes Tor: Frieden

Kehrt zurück in euren Frieden, zunächst in euren inneren. Das ist sehr wichtig, denn sonst seid ihr nicht in Balance zwischen Himmel und Erde. Versucht, immer aus dem inneren Frieden zu handeln und vor allem zu wünschen. Alles, was unter Druck, Stress, in Unzufriedenheit, aus Angst oder Zorn, aus Neid oder Gier formuliert wird, führt nur selten zum Ziel. Und wenn, ist es kein dauerhaftes Ergebnis. Bevor ihr also nach Fülle strebt, klärt zunächst eure Motive und Gefühle.

Was ich tief aus dem Herzen und aus meinem Frieden heraus wünsche, wird die besten Chancen auf Erfolg haben.

Gibt es Ängste oder andere ungleichgewichtige Emotionen, klärt diese zunächst und löst sie. Entweder ist dann ein Wunsch gar nicht mehr erforderlich, oder er geht auf jeden Fall in reiner Energie und liebender Absicht an das Universum.

Viertes Tor: Freiheit

Ähnlich wie die Liebe verhält es sich mit dem Tor zur Freiheit. Erst wenn ihr eure Wünsche aus reiner Freiheit und ohne viele Bedingungen an den Kosmos geben könnt, seid ihr auf dem Weg in die endlose Fülle. Allein schon diese Freiheit stellt mehr als Reichtum für euch dar. Gemeint ist, dass ihr zwar aus dem Herzen wünscht, aber mit der Einstellung, dass nichts verloren ist oder dramatische Folgen hat, wenn es sich nicht erfüllt. Ihr bleibt erwartungslos und unbekümmert. Ihr würdet nicht an der Erfüllung klammern, sondern tief in euch wissen, dass es auch ohne sie gut in eurem Leben weitergeht. Wenn ihr in dieses Vertrauen und in diese tiefe innere Freiheit gelangt, seid ihr fast schon in dauerhafter Fülle.

Fünftes Tor: Schöpfermacht

Eure Kraft ist nie abhängig von äußeren Parametern, auch wenn euer Verstand und die Logik euch das glauben machen wollen. Alles, was ihr bewegen, verändern, erschaffen wollt, liegt in eurer Macht und eigenen Kraft. Ihr seid Gottes Geschöpfe – somit tragt ihr seine Göttlichkeit in euch. Dies ermöglicht es euch, selbst Erschaffender zu sein. Wenn ihr nur aus eurem Herzen, eurem Willen und eurer Energie plant, wünscht oder handelt, wird alles möglich sein.

Auch hier streikt nun wieder der Verstand. Er winkt ab und flüstert euch sofort zu, dass dies übertrieben ist. Es gäbe auch Grenzen. Doch die gibt es nicht. Ihr könnt die Grenzen wählen, setzen oder auch grenzenlos Schöpfer sein. Je mehr ihr euch diesem Ideal annähern könnt, desto einfacher werdet ihr in euer Glück und in eine Welt nach euren Wünschen gelangen. Egal, ob materiell oder immateriell: Ihr erlangt sie mit Kraft dieses Weges, durch dieses offene Tor.

So seht, Erdenkinder, einfach mag es nicht immer sein, aber immer möglich. Und viele Möglichkeiten warten immer noch darauf, von euch genutzt und (wieder) entdeckt zu werden. Am besten zum Wohl aller Geschöpfe und zum höchsten Wohl der Welt und des Kosmos. Legt diese Ausrichtung unter alles, was ihr unternehmt, und die Fülle wird da sein für alle und in jedweder geliebten Form.

So sei es.

SAINT GERMAIN

Kuthumi: Die kosmische Verbindung durch Sexualität

Schau nicht so erstaunt, geliebtes Kind. Ja, darüber sollst du meine Worte empfangen und sie notieren. Sicher, ein ungewöhnlicher Titel und ein eher seltenes Thema für ein Channeling. Aber auch hier gibt es Klärungsbedarf auf dem Weg in den Aufstieg des Bewusstseins.

So vieles habt ihr bereits an Wissen erlangt, dargelegt, veranschaulicht und offen zugänglich gemacht. So vieles braucht mittlerweile kein Tabu mehr zu sein. Und doch wisst ihr zu wenig von den seelischen Ebenen und Verknüpfungen, die durch sexuelle Verbindungen entstehen. Die Bandbreite eurer Einstellungen dazu ist ebenfalls groß. Immer noch gibt es den Gedanken an Sünde, Befleckheit und Schuld. Und auf der anderen Seite große Toleranz und Öffnung in sexuelle Freiheiten und Genuss aller Spielarten.

Natürlich sind auch spirituelle Ansätze dabei: Das Verschmelzen nicht nur von Körpern, sondern die Annäherung und Vereinigung von Seelen in eine gemeinsame Glückseligkeit und hinauf in die höchste Form spürbarer Liebe.

Einige Menschen erreichen diese Ziele sogar und tun vieles zur Klärung dieses Weges. Doch liegt der Erfolg eigentlich nicht im Befolgen starrer Anleitungen oder in Läuterungen von Seele und Karma. Es ist – wie so oft – um vieles einfacher. Ihr benötigt nur das Erkennen der Wahrheit in eurem Herzen. Seht den Menschen, den ihr liebt, euren Partner/Seelenpartner, aus tiefstem Herzen an. Und schaut, was euch von ihm oder ihr aus tiefster Wahrheit entgegenblickt. Und dann denkt nicht oder sucht nach Erklärungen. Spürt einfach und fühlt die Wahrheit eurer Verbindung. Nehmt an, dass zwischen euch ein wunderschönes, von Gott geschenktes Band schwingt. Und nehmt das Geschenk als gegeben an, dass dieses gemeinsame Band eine Verbindung zum Kosmos und hoch hinauf in die göttliche Quelle hat.

Begebt euch gemeinsam in diese Schwingung hinein, bevor ihr euch nahekommt. Berührt und haltet eure Hände. Spürt, wie bereits hier diese Schwingung fließt. Seid dankbar für das Dasein des anderen. Schließt eure Augen und fühlt euren Körper entlang. Lasst euch fallen in eine gemeinsame Umarmung, in ein Verschmelzen eurer Herzen. Taucht ein in ein Schweben mitten hinein in die tiefste Essenz der Liebe. Sucht euch mit den Lippen und findet euch. Spürt diesen Kontakt zunächst ganz leicht. Fangt nicht an, sofort leidenschaftlich zu küssen, sondern bleibt einfach nur im Sein dieses zarten Kontakts. Wartet. Wartet. Ihr werdet erstaunt sein, was nach einer Weile geschieht. Und ganz allmählich gelangt ihr in einen gemeinsamen Fluss und Strom, in einen unendlich variierenden und alles beinhaltenden Kuss. Lasst euch davontragen von der Kraft seiner intensiven Leidenschaft und führt euch gegenseitig in sinnliche Abenteuer von Zunge und Lippen. Ihr werdet schon sehen, was hier alles geschehen kann. Denn ihr könnt schon auf dieser Ebene das Ziel der höchsten Glückseligkeit, das Eingehen in die tiefste Essenz der Liebe, erreichen.

Dehnt dann eure Umarmung aus. Fühlt eure Körper, Haut an Haut – ganz pur. Aber entdeckt, dass ihr viel mehr fühlen könnt. Fühlt durch die Haut des anderen hindurch. Ihr könnt relativ schnell fühlen, was dahinter liegt. Lasst euch darauf ein, dass eine Fusion dessen durch euer beider Haut stattfindet. Oder, anders gesagt, nehmt wahr, dass eure Haut sich auflöst und eure Körper und Herzen in einen gemeinsamen Körper zusammenfließen. Spürt euch Herz an Herz. Die reine körperliche Leidenschaft darf natürlich auch bleiben, dies ist schließlich keine Andacht oder ein Gebet, ihr seid auch im Feld von Lust und Vergnügen. Doch spürt immer eure Seelen darin. Nichts, was ihr tut, ist falsch oder verdorben oder zu exzessiv, so lange es durch freiwillige Herzen entsteht und beschlossen wird. Dies kann zunächst verbal geschehen. Doch je mehr ihr in eure kosmischen Verbindungen gelangt, desto eher wird es einfach nur passieren; ihr werdet wortlos finden, was ihr wünscht, finden, was euch tiefster Glückseligkeit nahebringt.

Habt keine Angst vor Peinlichkeiten oder davor, euer Gesicht zu verlieren. Alles, was in der Liebe geschieht, ist in Gott, ist eins mit dem Kosmos und dem göttlichen Plan.

Alle Erfahrungen und Wege dorthin sind erlaubt und richtig, einfach weil sie entstehen – durch eure Herzen und aus dem Kern der Liebe.

Am Anfang kann es wirkungsvoll helfen, wenn ihr euch über Empfindungen, Wohlgefühle und die Lust, die ihr empfindet, austauscht. Beschreibt euch, was ihr fühlt, wann es sich ändert und wie, wann es sich steigert. Dies wird eure kosmische Verschmelzung erleichtern und noch mehr Energie dafür liefern. Irgendwann wird auch das ohne Worte und nur mit Blicken oder im Geist funktionieren. Aber dafür braucht es schon seine Zeit.

Eure Leidenschaften und eure Beteiligungen dürfen wechseln. Ihr dürft gemeinsam und auch abwechselnd schweben. Auch das ist im Geschenk der gegenseitigen Liebe enthalten und wichtig. Für den Ausstieg aus der reinen Körperlichkeit und für das Ankommen in den göttlichen Gefilden braucht ihr jedoch Gemeinsamkeit. Das heißt, ihr macht euch zusammen auf den Weg, steigert eure Gefühle und Genüsse gemeinsam, steigt höher und stimmt euer allerhöchstes Gefühl aufeinander ab. Dafür braucht es weniger Übung oder Timing (wie allgemein von euch angenommen), sondern einfach nur die Bereitschaft zum Ziel, das Loslassen und die bedingungslose Hingabe an die Liebe, die ihr empfindet. Vertraut darauf, dass wirklich nicht mehr zu tun ist. Ihr dürft ganz für euch loslassen. Für jeden von euch ist gesorgt, ihr gelangt beide ans Ziel aufgrund eurer entwickelten Schwingung. Bleibt einfach auf euer eigenes Gefühl und das Gefühl eures gemeinsam geschaffenen Körpers ausgerichtet. Das ist der Weg in die höchste Essenz. Bereitschaft zum Genuss, Achtsamkeit und Muße sind natürlich Basisbausteine. Ohne diese Grundlagen führt nichts zum Ziel. Und aufrichtige Liebe ist wichtig. Sie ist nicht notwendig, um auf diesem Weg zu gehen, aber je mehr ihr in Liebe verbunden seid, desto leichter öffnen sich die Türen. Gleiches gilt für die Wahl des Partners. Jede/jeden dürft ihr wählen. Doch Seelenpartner, die sich in ihrer Lebens- und Schicksalsbestimmung finden, haben natürlich größere Möglichkeiten und kommen weiter in eine kosmische Verbindung hinein als andere Paare.

Und vergesst nicht ein sehr wichtiges Detail: Innehalten! Bleibt des öfteren stehen – im Moment, in der Bewegung. Fühlt einfach, lauscht mit euren Körpern und spürt, was gerade schwingt, wie euer gemeinsames Herz schlägt. Es wird der Lust keinen Abbruch tun, wie euer Verstand es fürchtet. Im Gegenteil: Ihr werdet kaum genug bekommen können, wenn ihr einmal entdeckt habt, welche riesigen Geschenke an Erfüllung sich in einem Moment des Innehaltens verbergen. Lasst euch ein – entdeckt auch stille, aber dafür unendlich tiefe Abenteuer.

Ich weiß, dass sich spätestens jetzt bei jedem Leser Fragen oder Wünsche ergeben in Bezug auf konkrete Beschreibungen, Beispiele für Stellungen oder Berührungen. Aber das ist weder notwendig noch sinnvoll, weil es immer individuelle Bedürfnisse, Schwingungen und Möglichkeiten gibt. Es ist euer Geschenk von Gott, diese selbst entdecken zu können. Seid dankbar dafür.

Zudem gibt es nicht nur DIE EINE Form der sexuellen Begegnung, die euch zum höchsten Höhepunkt, zur intensivsten Seelenliebe führt. Und auch das ist gut so. Es wäre doch schrecklich und gar nicht in der Liebe, wenn ihr auf eine einzige Lösung begrenzt wärt. Liebe ist immer eng mit Freiheit, Weite und unendlichen Möglichkeiten verbunden. Deswegen sind auch viele der Partnerschaften problematisch und eher unerfüllt, wo sich viele Begrenzungen und Beherrschungen – seien es geistige, ausgesprochene oder unbewusste – befinden. Aber dies nur am Rande.

Einen Punkt kann ich jedoch anführen, der in den Bereich der „Ausführung" fällt. Und ich tue dies, weil auch dieser Aspekt oft unzulänglich beziehungsweise zu sehr mit dem Verstand betrachtet wird. Dabei geht es um die Rhythmik eures Körpers und eurer Bewegung. Hier wird die Steigerung von Tempo oft gleichgesetzt mit der des Lustempfindens und der Leidenschaft. Natürlich ist diese Wirkung da. Aber hier verbleibt der Verstand zu starr. Er ist halt nicht so flexibel und grenzenlos wie das Herz. Der Verstand glaubt: mehr Tempo, mehr Lust, mehr Höhepunkt. Darin schwingt aber auch: wenig Tempo, nachlassendes Tempo, gleich wenig Lustempfinden und kein Erreichen von Lusterfüllung.

Dies ist ein gefährlich schmaler und einseitiger Gedanke. Und er schafft immer Einschränkungen, denn Tempo kann körperlich nicht unendlich gesteigert werden. Im Gegenteil: Es gibt eine endliche Grenze, die nicht überschritten werden kann. Und auch zeitlich ist unweigerlich Begrenztheit da. Wer kann eine immer schnellere Körperrhythmik länger als einige Minuten durchhalten? Und hier lässt sich bereits der Nachteil erkennen: Es liegen Anstrengung, innerer Druck und Angst darin. Nämlich Angst, nicht in der kurzen Zeit, in der ein hohes Tempo möglich ist, zum Ziel zu gelangen. Gelingt es nicht, liegt darin sogar Versagen oder Enttäuschung. Natürlich nicht immer und meistens nur leicht spürbar, aber unterschwellig energetisch sind diese Emotionen zugegen. Und diese Art von „Technik" (wenn ich es mal so profan nennen darf) lässt sich kaum ausweiten. Und ich spreche hier von den seelischen und emotionalen Weiten und Erlebnissen.

Ein besserer Weg ist es, EUREN Rhythmus zu finden, und dabei geht es um Gestaltung, sicherlich auch um Tempo, aber nicht um unaufhaltsame Schnelligkeit. Kosmische Sexualität hat im Grunde weder eine Zeit noch ein Tempo. Sie hat nur eine eigene und individuelle Ausgestaltung für jeden. Und wenn ihr einen der so vielen und euch ganz eigenen FLOWS gefunden habt, dann vertraut darauf. Ihr werdet sofort wissen, wenn es die richtige Form ist. Lasst euch mit dem Herzen hineinfallen. Fühlt einfach. Ihr werdet sehen, dass euer sexuelles Erleben eins wird und sich dann von selbst weiter nach oben öffnet, bis ihr eingeht in die höchste Quelle von Liebe und Verschmelzung. Von Unbegrenztheit der Gefühle und gleichzeitiger Geborgenheit in der Seele des anderen, und gemeinsam in der Einbettung des Kosmos.

Wenn ihr in diesen Zustand gelangt, werdet ihr auch bemerken, dass ihr ganz im Genuss und in der Annahme von Genuss und Liebe sein könnt. Ihr braucht keine Sorge haben, dass ihr durch eigenes Tun und eigene Hinwendung euren Partner „mitnehmen" müsst. Diese Zweifel werden entfallen. Denn ihr seid ja ein Körper, eine Seele, ein gemeinsames Gefühl, das sich einfach weiter nach oben schwingt. Es bedarf nur der Hingabe an eure Liebe, an das, was in eurem Herzen geschieht, und an die Liebe als solche.

Warum ich das alles weitergebe? Zum einen natürlich euch zum Geschenk und zur Freude, aber natürlich liegt auch in diesem Aspekt eures menschlichen und seelischen Lebens eine wichtige Funktion: Schwingungserhöhung. Vertiefung von Liebe. Ausweitung von positiv schwingenden Spuren im Kosmos, im Großen Ganzen.

Jeder Kuss, jede Geste, aber auch jedes sexuelle Ausleben erwirkt Energie und nährt mit dieser starken Kraft der Liebe deren ewiges Potenzial und ewige Dauer.

Die Liebe ist für den seelischen Kosmos wie die Sonne für die Erde. Ohne sie wächst und gedeiht nichts, es gibt keine Wärme und kein Leben.

Und auch das ist ein wichtiger Punkt, denn Sexualität hat auch den Sinn der Fortpflanzung. Im Rahmen dieser Verbindung und Vereinigung haben Seelen die Möglichkeit, auf die Erde zu gelangen. Und nun stellt euch vor, um wie viel reiner und gestärkter von der Liebe eine solche Seele auf die Welt gelangt, wenn sie aus einer kosmisch-sexuellen und so hoch schwingenden Erfüllung zweier anderer Seelen getragen wird. Auch dies hat einen Sinn für den Aufstieg in ein höheres Bewusstsein der Menschheit. Denn diese kleinen Seelen sind bereits durch ein hohes Bewusstsein der Liebe angekommen und haben ein großes und weites Potenzial, das sie mit ihrem Leben tragen können, auf dem Weg zurück in die Göttlichkeit.

Ich wünsche euch allen immerwährende Liebe, Geborgenheit und die schönsten Seelenverbindungen und Liebeserlebnisse.

KUTHUMI

White Eagle: Kosmische Wahrheit

Auch wir können fliegen – mit dem Flügelschlag der unfehlbaren, bedingungslosen Liebe.

☆☆☆

Seht, Menschen: Groß ist das Tor! Weit ist das Tor zum Kosmos, die Verbindung von Erde, Welt und Universum. Endlos ist der Raum und ebenso endlos der Raum, der diesen Raum umgibt.

Es gibt keinen kosmischen Rand!

Unendliche Ausdehnung mündet in Ewigkeit. Nichts ist größer oder göttlicher als das Dasein aus der Quelle. Das Leben fließt aus dieser Quelle hinab in den Kosmos, in das universelle Leben. Es fließt durch alle Dimensionen, bis hin zur Erde, und durchströmt alles irdische Leben. Der Strom der Quelle erreicht alles Leben, jede Seele, jedes Sein.

Wahrheit liegt im Herzen jeder Zelle, jeder Energieschwingung und jedes dimensionalen Teilchens. Ihr werdet, und ihr seid – durch den Lebensstrom und aufgrund göttlicher, kosmischer Wahrheit. Denn die Wahrheit wohnt im Leben, und das Leben entspringt der Wahrheit. Nichts ist wirklich geteilt oder ungeteilt. Es gibt nur ein Ganzes mit vielen Ausprägungen und Gesichtern.

Glaubt daran: So, wie eure Seele in einem menschlichen Körper ist, ist sie zu gleichen Anteilen in einem Tier, in der Tierwelt, in Pflanzen und in praktisch allen Schöpfungen. Eine Seele spannt sich auf in Milliarden, ja, Billionen Teilchen, eigentlich eine unendliche Potenz einer Zahl. Wie ein feinstes Netz aus kleinsten Teilchen ist eure Seele. Nur verdichtet und gefaltet zu einem dichten, materiellen Körper. Wenn ihr sie entfaltet, legt sie sich wie ein unendliches Netz um alle Teile der Erde, des Universums und des unendlichen Raums. So legt sie sich sanft um und in alles und ist Teil von allem und gleichzeitig auch das Nichts.

Aus dem Herzen erstrahlt die Seele. Und das Herz verankert sie innerhalb des grenzenlosen, göttlichen Raums. Die Resonanzen der göttlichen Quelle reflektieren wiederum hinein in ein jedes Herz. Und so schließt sich der Kreislauf göttlichen/kosmischen Seins. Deshalb ist auch keine Seele je verloren, da sie immer alles ist und Teil von allem. Sie lebt im geschlossenen, nie endenden Kreislauf; wird getragen und trägt sich ebenso selbst durch ihre Schöpfungskraft.

Das Muster, das das gesamte Netz göttlicher Lebendigkeit durchwebt, ist die *reine Liebe*. Liebe ist die Energie, der Pulsschlag unser aller Dasein. Liebe sollte die Basis sein für alle unsere Schöpfungen und Manifestationen. Was in Liebe geschieht, setzt eine Spur im Kosmos, die sich immer wieder neu potenziert und Schwingungen in unser System abgibt. Liebe hinterlässt ewige Spuren. Unverwundbare Spuren. Unantastbare Energiewirkungen.

Ja, auch der Hass hinterlässt Spuren mit potenzierender Wirkung. Aber der Hass hat stets nur eine endliche Zeit. Und irgendwann geht er – spätestens durch Gottes Gnade oder vorher durch Wandlung anderer Schöpfender – in eine Transformation über. Er erhält wieder Liebe und neue, sinnvolle Ausrichtungen. Darum wisset um die Macht eurer Schöpferenergien.

Erdenkind, ich spüre deine innere Frage, die auftaucht: Ein Mensch hat sich durch die Art seiner Inkarnation Endlichkeiten und Gesetzmäßigkeiten gesetzt. Wie kann er da urgewaltige und grenzenlose Schöpferkraft besitzen?

Wie ich schon sagte, eine Seele ist eine grenzenlose Energieform. Nur individualisiert durch den Schatz und den Umfang ihrer gesammelten Erfahrungen. Und auch wenn Begrenzungen durch bestehende Materie (in dem Fall dem Körper) bestehen, ändert das nichts an der Ursubstanz der Seele und ihrer Göttlichkeit. Dies ist sehr oft ein menschlicher Denkfehler. Ihr seid und bleibt immer in Göttlichkeit. Mit dem gleichen, mächtigen Potenzial.

Wenn ihr diesen Zugang wieder erschließen, glauben und annehmen könnt, schafft ihr jede Veränderung, die ihr euch für euer Leben oder eure Fähigkeiten erträumt. So ist es verankert in eurem Herzen.

Der Verstand ist es, der sich begrenzt. Dies ist jedoch auch gewollt und hilfreich, um euch in der Dichtigkeit eurer Inkarnation zu halten. Der Verstand ist Wächter und Grenzensetzer. Aber dennoch könnt ihr euer Herz und euren Geist weit hinausschicken und viele Barrieren überwinden, die da zu sein scheinen.

In der richtigen Balance zwischen Herz, Verstand und Schöpfungskraft findet ihr ein erfülltes Leben und sinnvolle Aufgaben. Das Tor zum Kosmos ist weit.

Gott ist groß, und seine Liebe umfängt euch, wo auch immer ihr euch im kosmischen Plan befindet. **In Gott seid ihr geborgen und frei**. Er bleibt euer Licht und eure Quelle auf ewig.

Mit Flügelschlag für euch.

WHITE EAGLE

Djwahl Khul: Symbolmacht

Ein Kreis ist ein Kreis und bleibt in sich ein Kreis. Er ist ohne Anfang und ohne Ende. Er ist ewig. Ein Kreis ist eine Linie. Ohne plastischen Körper, ohne Volumen. In seiner Mitte ist es leer. Es ist nicht mal eine richtige Öffnung. Es ist eine in sich geschlossene Linie, die ein Nichts umschließt. Das ist es, was ihr seht.

Und doch ist es nicht alleinig so. Der Kreis ist eines von vielen machtvollen Symbolen, denen tiefe Kräfte aus der Einfachheit ihrer Symmetrie entstammen. Durch diese Einfachheit wird gemäß dem Gesetz der Anziehung eine große Menge an gegenteiliger Kraft – eben voluminöser, komplexer Kraft – erzeugt. Eine einfache Form erzeugt eine kraftvolle Wirkung und Ausstrahlung.

Ein Kreis, ein Strich oder ein simples Quadrat haben wenig Physis, keine Verzweigungen und Ornamente. Das Wenig an physischer Substanz und Energie zieht eine Fülle an Reaktions- und Wirkungsenergie an und nach sich.

Viele andere Symbole sind erkannt, entwickelt oder gechannelt worden. Ganze Traditionslinien bewahren Serien von Symbolen und Zeichen. Teils ist Energie in besonderer Qualität darin eingespeist worden, teils initiieren sie Energiereaktionen und bringen diese in Gang. Somit sind sie „Manifestierer" oder „Zündfunke" für energetische Ketten und Abläufe.

Auch die Symbolverwendungen haben sich über die Jahrhunderte in eine hohe Komplexität hineingebracht. Weit verzweigte, schwierige Zeichen mit vielen Details, Strichrichtungen usw. Oft können sie nur „vom Blatt" nachgezeichnet werden, da sie so komplex sind.

Ihr wundert euch bereits, warum diese Symbole manchmal an Kraft, aber mehr an Einsatzhäufigkeit und Interesse verlieren. Aber ist das so ungewöhnlich? Komplexe Physis bedeutet im Energiegesetz von Anziehung und Ausgleich: spezifizierte, aber schmale Wirkung mit wenig „Nachhall". Es sei denn, es handelt sich um zweckgebundene, von Gott oder göttlichen Quellen gesendete Symbole. Aber auch davon verlieren viele Kraft oder Zweck, da ihre Einsatzzeit erfüllt ist.

Deshalb macht den Weg wieder frei für die einfachen und nun wieder viel mächtigeren Symbole und für deren einfache und unkomplizierte Anwendung.

Der Kreis

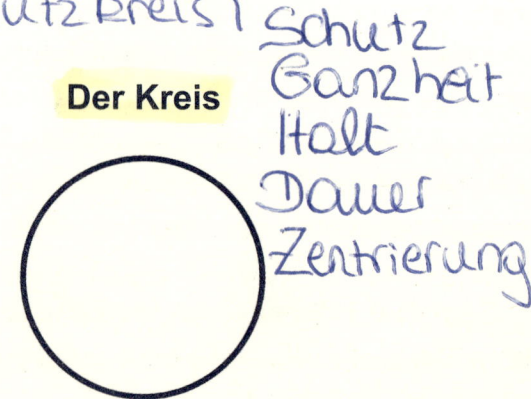

(Schutzkreis) Schutz
Ganzheit
Halt
Dauer
Zentrierung

Wann immer ihr Schutz, Ganzheit, Halt, Dauer, Zentrierung oder Konzentration auf die Mitte erzeugen wollt, zieht einen Kreis um den Körper, die Aura, den Lichtkörper oder eine Situation. Ihr könnt Kreise auch nur um einzelne Chakren ziehen, um deren Aspekte damit anzusprechen oder zu zentrieren.

Wichtig ist, dass ihr den Kreis schwungvoll und in einer einzigen Bewegung vollführt und dabei an die Wirkung denkt, die ihr (von den oben genannten Wirkungen) erreichen wollt.

Bei der Absicht „Konzentration auf die Mitte" zeichnet ihr die Kreislinie wie beschrieben und konzentriert euch dann auf die leere Mitte des Kreises. Spürt die Energie darin und leitet diese weiter hinein in den Körper, die Aura, das Chakra usw.

Ihr könnt euch auch ein Ereignis, eine Situation oder eine Erinnerung vorstellen, darum den Kreis zeichnen und die Wirkung visualisieren. Stellt euch die Situation oder auch das gewünschte Ergebnis vor wie ein Standbild auf einer Leinwand und zieht darum das Symbol des Kreises (oder bei dieser Technik jedes andere, hier im Folgenden genannte Symbol).

Beachtet hierbei, dass dies nur zum Wohl aller Wesenheiten und im Einklang mit der göttlichen Ordnung geschieht. Prüft vorher eingehend für euch, dass die Wirkung nur euch selbst betrifft oder, falls es für andere ist ihr die Erlaubnis dafür habt. Prüft eingehend, ob es Manipulation wäre oder nicht.

Wie ihr einen Kreis wieder auflöst, wenn er nicht mehr wirken soll? Entweder ihr gebt der Wirkung direkt eine Zeit mit oder einen definierten Endpunkt. Dann endet sie einfach. Oder ihr visualisiert den Kreis und wie ihr ihn mit einer goldenen Schere einmal an beliebiger Stelle zerschneidet. Er öffnet sich, und seine Wirkung löst sich auf.

Diese Art der Auflösung gilt auch für alle weiteren Symbole!

Verbindung mit dem Himmel

Das Dreieck

aufnehmend *abgebend*

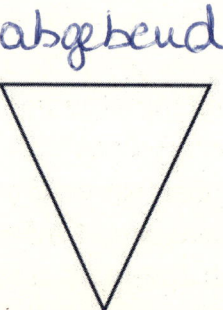

==Das Dreieck hat eine sehr tiefe, magische Bedeutung. Auch basiert es auf der Zahl 3, der „Zahl des Himmels". Je nachdem, ob das Dreieck auf der geraden Seite oder auf der Spitze steht, erzeugt es unterschiedliche Wirkungen.==

Generell ist es egal, von welcher Ecke aus das Dreieck gezeichnet wird. Vertraut hier einfach eurem Gefühl und eurer Intuition. Ihr könnt es immer gleich zeichnen, aber auch andere Richtungen sind nicht falsch, wenn sie euch vor der Anwendung in den Sinn kommen.

Wenn man sich allein die beiden Formen ansieht, kann man schon erahnen, welche Art der Verwendung sie finden.

Das auf der Spitze stehende Dreieck wirkt wie ein Trichter, aus dessen Spitze etwas abgeleitet/ausgeleitet wird. Und so ist es auch. Zieht ihr diese Form um einen Körper, eine Aura, ein Chakra usw., könnt ihr gleichzeitig visualisieren, wie zum Beispiel Blockaden, verbrauchte Energien und Emotionen daraus abfließen. Stellt euch weiterhin vor, dass an der Dreiecksspitze ein goldener Filter eingebaut ist, der die Energien reinigt und vollständig in Reinheit transformiert und an den Kosmos abgibt. Sprecht am besten diese Wirkung auch in Worten aus, laut oder im Geist. Das unterstützt den Prozess, vor allem aber eure Visualisierung. Natürlich ist vor der Prozedur stets zu klären, ob Energien abfließen können und dürfen. (Wie bei allen energetischen Anwendungen und Zeichen ist stets die Zustimmung des anderen erforderlich, falls ihr für eine andere Person arbeitet.)

Das zweite Dreieck empfängt an seiner Spitze Energien, Farben, Heilungsstrahlen, Erkenntnis, Emotionen (alles, was ihr visualisieren könnt) und leitet diese in einen Körper, eine Aura, ein Chakra, eine Situation usw. Die lange Seite am Boden des Dreiecks ist dabei wie ein Auffangbecken, das alles Empfangene im Zielpunkt hält. (Dass es sich hier bei den eingeleiteten Energien nur um ausschließlich positive Werte und Färbungen handelt, versteht sich von selbst.)

In beiden Fällen ist bei den Anwendungen auf den Energiefluss und dessen Dauer zu achten.

Beim **ableitenden Dreieck** sollte dieses so lange bestehen bleiben, bis ihr das Gefühl oder auch die Rückmeldung bekommt, dass der Reinigungsprozess beendet ist. Dann kann das Dreieck „zerschnitten" werden. Bei längeren Prozessen kann das Dreieck so instruiert werden, dass es vom Kosmos aufgelöst wird, sobald der Prozess beendet ist. Bei einem Menschen kann auch dessen Schutzengel diese Aufgabe angetragen werden.

Das **empfangende Dreieck** kann mit einer Zeitvorgabe oder dem Zusatz, so lange zu wirken, wie es gut und richtig ist, versehen werden (natürlich kann auch hier die Beendigung vom Kosmos oder dem Schutzengel übernommen werden).

Oder ihr fühlt selbst, ob der Prozess des Empfangens/der Heilung abgeschlossen ist und zerschneidet das Dreieck. Wichtig dabei: Vorher sollte visualisiert werden, dass die eingeflossene Energie in den Körper, Aurakörper, in Chakren usw. einsinkt und integriert wird. Stellt euch vor, dass sie wie ein Schwamm aufgesogen wird. Erst dann das Dreieck lösen, sonst würde die Energie wieder aus dem Empfangsfeld hinauslaufen, wie bei einem Eimer, der ein Loch hat. Bei einer festgesetzten Wirkungszeit oder bei Auflösung durch den Schutzengel wird es automatisch so sein, dass die Energie vorher integriert wird, hierauf wird geachtet werden. Ihr braucht die Visualisierung nur durchzuführen, wenn ihr selbst das Dreieck löst.

Für einen gleichzeitigen Reinigungs- und Wandlungsprozess können beide Dreiecke und Abläufe hintereinander eingesetzt werden. Bei einem längeren Reinigungsprozess könnt ihr auch den Empfangsprozess so programmieren, dass dieser nahtlos einsetzt, sobald die Ableitung/Ausleitung beendet ist. Die Kombination kann auch umgekehrt eingesetzt werden: Über das empfangende Dreieck wird transformierende, reinigende oder lösende Energie aufgenommen, die dann nach ihrer Wirkzeit über die ableitende Dreiecksform die energetischen Schlacken aus dem Wirkungsfeld herausleitet.

Änderung der Form beziehungsweise Auflösung des Dreiecks beim Prozess:

Erst empfangen, dann ausleiten
Es ist sinnvoller, das erste Dreieck nicht aufzulösen, sondern wie bei einem Schalter herumzudrehen. Somit

braucht kein neues zweites Dreieck gezeichnet und eingebunden zu werden, und man erhält einen gleichförmigen, in sich geschlossenen Ablauf. Erst am Ende wird das Zeichen aufgelöst (wie bereits beschrieben), oder man lässt es (sich) auflösen.

Erst ausleiten, dann empfangen
Hier ist es besser, zwei eigenständige Formen und Prozesse einzusetzen, die hintereinander(!) und nicht ineinander übergehend stattfinden. Würde das ableitende Dreieck nämlich gedreht, besteht immer das Risiko, dass Restenergien, die abfließen sollten, wieder aufgenommen und aufgesogen werden und dann als Restblockade im Wirkungsfeld verbleiben.

Das Quadrat

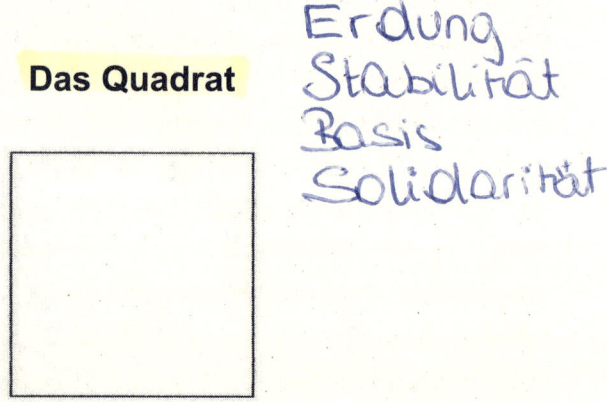

*Erdung
Stabilität
Basis
Solidarität*

Das Quadrat vermittelt Erdung, bodenständige Kraft, Stabilität, Basis und Solidität. Gekoppelt mit einer Energiequalität/Emotion kann es genutzt werden, um eben diese Energiequalität als Basis und Grundlage für eine Seele oder eine Situation zu installieren und wirken zu lassen. Wenn jemand zum Beispiel mehr Erdung benötigt, mehr Vertrauen in das Leben oder sich sicherer fühlen möchte, kann das Quadrat *unter* den Körper gelegt oder auch unter den Füßen platziert werden. So wird derjenige davon gehalten und getragen, und die Energie des Symbols kann von unten in den Körper aufsteigen. Beim Einsatz des Symbols für Situationen wird es unter das visualisierte Bild der Situation gelegt. Beim Einsatz an Chakren sollte es immer auf Vorder- und Rückseite platziert werden. Soll eine Emotion gestärkt und hervorgehoben werden, kann einfach der Name der Emotion/das Wort visualisiert werden. Das Quadrat wird in dem Fall um das Wort herumgezogen und schließt es ein. Dabei sollte das Quadrat immer groß genug gewählt werden, damit es seine Form und Geometrie behält. Bei langen Worten neigt unsere Vorstellung nämlich dazu, das Wort recht eng einzurahmen. Dadurch entsteht aber unter Umständen ein Rechteck. Deshalb sollte ein Wort immer in die Mitte eines ausreichend großen Quadrates gesetzt/visualisiert werden.

==Ein Quadrat mit gekreuzten Linien in der Mitte== (diagonal von einer Ecke zur anderen) ==dient als Schutzschild==, um zum Beispiel negative Energien von außen abzuschirmen. Es sollte auch wie ein Schild verwendet werden, sodass es nötig wird, es an allen „offenen" Seiten/Punkten aufzustellen, die geschützt werden sollen. Bei einem Raum wären das zum Beispiel alle Wände plus Decke und Boden. Bei einem Menschen alle Körperseiten sowie über dem Kopf und unter den Füßen. Ein Energiefeld oder eine Aura sind eher unförmig und recht unsymmetrisch. Zudem sind sie Ausdehnungsdynamiken unterworfen. Hier kann man sich vorstellen, wie sich das gekreuzte Quadrat vervielfältigt und quasi ein Schutznetz (wie ein Schildpanzer oder Kettenhemd) um den Energiekörper ausbilden wird. Bei Chakren wird das Schutzsymbol auf die Vorder- und Rückseite gegeben. Situationen sind sehr schwierig in Schutzquadrate einzubinden. Hier sollte man eher den Kreis wählen oder ein stellvertretendes Wort für die Situation finden und dieses in die Mitte des Quadrates, in das innere Kreuz stellen.

Denkt immer daran, die Wirkungszeit und den Sinn einer Zeitspanne für das gekreuzte Quadrat zu prüfen. Im Grunde sollte es nur eine vorübergehende Maßnahme sein, bis man eine Möglichkeit hat, die negativen Einflüsse, vor denen es schützen soll, zu transformieren.

Die Ellipse

[handschriftliche Notizen: Weiche Dynamik, Flexibilität, Anpassungsfähigkeit, Stimulator, Verbindung zur Quelle]

Die Ellipse ist eine weiche Form. Sie erscheint aufgrund ihrer Stromlinienform dynamisch, flexibel und anpassungsfähig. Genauso wirkt sie auch. Sie ist aktivierend, setzt Prozesse sanft in Gang oder beschleunigt ihren Fluss. Sie verbindet uns mit der Lebensenergie und dem Strom des Lebens, dem kosmischen Sein, und mit dem Fluss der göttlichen Quelle.

Die Ellipse mildert und besänftigt zu extreme und angespannte Emotionen. Sie ist auch ein Notfallzeichen bei zu hohem Stresspegel, Unruhe oder panikartigen Gefühlen. In welche „Flussrichtung" sie wirkt, wird davon bestimmt, ob sie senkrecht oder waagerecht geformt wird. Die senkrechte Form aktiviert und lenkt alle Prozesse und Energien, die von oben herabfließen (sollen). Oder sie schafft die Verbindung beziehungsweise Anbindung an den Kosmos und die göttliche Quelle.

Die waagerechte Ausprägung verbindet mit dem Fluss des Lebens und des Alltags, aktiviert oder mäßigt Energien und Emotionen oder gibt treibende Kräfte in Lebenssituationen. Dabei kann sie mit verschiedensten Energiequalitäten gekoppelt werden oder mit der allgemeinen Wirkweise, dass sich „alles so, wie es gut und richtig ist, und im Einklang mit der göttlichen Ordnung entwickeln möge". Aufgelegt auf ein körperliches Chakra kann die waagerechte Ellipse ein blockiertes oder sich falsch drehendes Chakra wieder in den richtigen Fluss bringen.

Folgende Ausnahmen sind jedoch zu beachten: Für das Dritte Auge (6. Chakra), das Kronenchakra (7. Chakra) und für alle *außerkörperlichen* Chakren ist *immer* nur die senkrechte Ellipse anzuwenden, da diese Chakren auf die höheren, göttlichen Energieebenen ausgerichtet sind!

Weiterhin bewirkt das waagerechte Symbol die Eindämmung und Besänftigung von extremen Emotionen oder Anspannungen. Bei extremer Unruhe oder Panik kann man der Ellipse zusätzlich eine tiefblaue Farbstrahlung verleihen.

Die Raute

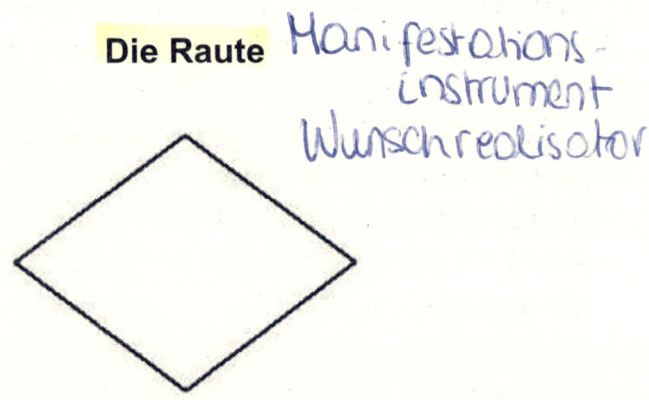

Die auf der Spitze stehende Raute ist ein reines Instrument zur Manifestation. Sie unterstützt durch ihren festen quadratischen Rahmen die Realisierung und die Verstofflichung von Wünschen oder gewünschten Ergebnissen.

Damit etwas, das bereits gedanklich erschaffen wurde

und somit in der feinstofflichen Welt existiert, sich auf der Erde manifestieren kann, sollte man sich das gewünschte Ergebnis vorstellen und in die Raute „verpacken". Dabei ist zu visualisieren, wie die untere Spitze der Raute in die Erde hineinstößt und dort steckenbleibt. Damit wird der Wunsch in Richtung Erde und Manifestation gelenkt. Durch das Feststecken in die Erde erhält die gewünschte Manifestation einen ersten sicheren Stand und Rahmen im „physischen" Leben. Nach dieser Visualisierung kann man seine Absicht einfach weiterwirken lassen. Am besten für die spätere Auflösung des Zeichens ist die Programmierung, dass das Symbol verblasst und sich auflöst, sobald sich die Manifestation machtvoll realisiert hat (sonst kann das Ergebnis nicht frei auf die Erde und zu uns fließen).

Die Raute eignet sich eher für den eigenen Einsatz als zur Verwendung für andere. Beim Heilereinsatz kann sie Verwendung finden, wenn sehr vorsichtig und weitsichtig sowie mit der Erlaubnis der anderen Person damit umgegangen wird.

☆☆☆

So seht, ihr Erdenkinder, hier liegt euch ein einfacher, aber dennoch wirkungsvoller und ausreichender „Werkzeugkoffer" mit Symbolen vor. Ihre machtvollste Zeit ist JETZT – in der Zeit des Aufstiegs. Durch ihre Einfachheit ziehen sie die kosmischen Kräfte und zusätzlich die Kraft aus der ansteigenden Erdenergie an. Somit sind sie sehr tief, nachhaltig und kraftvoll in ihrer Wirkung und zeichnen auch sehr schnell Ergebnisse.

Geht reichlich, aber dennoch sorgsam und verantwortungsvoll damit um. Bleibt im Licht und in eurem Herzen, und – bleibt bei Gott!

Herzlich,

DJWAHL KHUL

Lady Portia: Das individuelle Seelentor

Hallo, geliebte Erdenkinder!

Es ist eher ungewiss, dass ihr bereits etwas vom „individuellen Seelentor" gehört habt. Und diese Materie ist sehr tief, komplex und wird nicht vollständig von euch erfasst werden können. Aber auch hier werden die Zeit und eure Entwicklung die Vollständigkeit erbringen.

Dennoch solltet ihr noch vor dem Bewusstseinswandel und dem Eintritt in das Neue Zeitalter ein anfängliches Wissen erhalten. So bin ich nun hier als Hüterin vieler Tore, Übergänge und Wandlungsprozesse, um euch die ersten Informationen zu liefern.

Wie ihr schon wisst, hat jeder von euch ein sogenanntes Höheres Selbst, das die Weisheit eurer Seele enthält sowie alles Wissen über die Essenz eures Herzens und die Botschaften zum Seelenplan. Das Höhere Selbst könnt ihr direkt ansprechen, euch direkt damit verbinden. Es kann auch gechannelt werden oder in Trance durch euch zu anderen sprechen.

Dieses Höhere Selbst ist auch kommunikativer Teil eines noch höheren Ganzen: eures Seelentors. Das Seelentor ist der Zugang zu eurer gesamten und individuellen göttlichen Matrix. Die göttliche Matrix besteht aus der *Seelenessenz*, der *Herzessenz*, dem *Seelenplan* und eurer gesamten Vergangenheit, Gegenwart und Zukunft (*persönliche Akasha-Chronik*). Aus der göttlichen Matrix gehen alle eure persönlichen Daseinsformen hervor. Natürlich sind hier noch viel mehr Ausprägungen enthalten, aber das würde derzeit noch euer Fassungsvermögen überfordern.

Die göttliche Matrix bildet Energie- und Informationsausläufer, die in euer achtes, siebtes, sechstes und viertes Chakra strahlen, jeweils in unterschiedlichen Qualitäten (auch hierzu braucht es noch keine Details).

Die Hauptanbindung zwischen göttlicher Matrix und euren erdnahen Energiekörpern wird durch die sogenannte *silberne Schnur* vollzogen. Dies ist aber nur eine Art essentieller Verbindung, damit keine Seele je verlorengehen kann. Die Schnur schafft nicht die Möglichkeit von Austausch, Wissenskontakt oder bewusstem Zugang zur Matrix. Sie ist nur „Halteleine" – wie bei einem Astronauten, der aus der Raumkapsel steigt und durch eine Sicherheitsleine an sein Schiff angebunden bleibt.

Geistiger Zugang und Dialog zur göttlichen Matrix und Rückverbindung wird nur durch das Seelentor ermöglicht. Wie ich schon sagte, ist ein Element des Seelentors das Höhere Selbst. Stellt es euch so vor, dass das Tor nur ein Durchgang, eine Art Energieraum ist, wie eine Schleuse. Es hat keinen Körper, nicht einmal eine Form. Es kann sich aber in eine Art „Körper" oder Ausprägung einbringen.

Dies ist dann das Höhere Selbst, das zum Teil das kommunizieren kann, was sich an Wissen und Information im Seelentor befindet. Das Höhere Selbst ist somit der „Mund des Seelentors".

Das Seelentor besteht aus einem energetischen Netz, das die Hülle bildet, und acht Feldern, auch *göttliche Quadranten* genannt. Ihr ahnt sicher, dass auch diese Teile wieder eigene Aufbauten, Schichten und Funktionen besitzen. Aber auch hierauf gehe ich (noch) nicht ein. Zunächst ist es wichtig, generell über die Existenz des Seelentors zu sprechen.

Vollständig eingebettet und existent in der göttlichen Matrix ist jede Seele nur dann, wenn sie gerade nicht in einer speziellen Daseinsform inkarniert ist. So zum Beispiel in der Zeit vor einer „Geburt", oder wenn sie nach dem Tode aus einem Körper zurückkehrt.

Somit ist eine *vollständige* Reise oder Rückverbindung mitten in die göttliche Matrix im Verlauf einer Inkarnation nicht möglich. Deshalb ist das Seelentor so wichtig, denn es kann *kurzzeitig* zum Wissen und den Kräften der göttlichen Matrix Verbindung schaffen.

Wie wird diese Verbindung nun aufgebaut? Zunächst müsst ihr den Kontakt zu eurem Seelentor finden. Dies geschieht über euer Herzchakra. Ihr braucht es nur zu öffnen und mit eurer Herzessenz euer Seelentor anzurufen beziehungsweise den Energiestrahl eurer Herzessenz dorthin fließen zu lassen. Die Herzessenz ist das Gefühl tiefster, allumfassender Liebe, derer ihr fähig seid. Fühlt euch hier hinein. Es ist die bedingungslose Liebe zu euch selbst, aber auch zu Gott und allen seinen Schöpfungen. Diese Mischung birgt tiefstes Gefühl und eben bedingungslose Liebe, Ehrfurcht und Dankbarkeit. Die Farbe dieser Energie ist leuchtendes Gold. Wenn ihr diese Energie fühlen und geistig „sehen" könnt, sendet diesen Energiestrahl aus, mit der Absicht, zu eurem Seelentor zu fließen. Und es wird geschehen.

Lasst den Energiestrahl einfach fließen, völlig absichtslos. Stellt euch entspannt vor, wie die Herzessenz in all ihrer goldenen Qualität zum Seelentor strömt. Nach einer Weile werdet ihr Antwort beziehungsweise ein Signal von eurem Seelentor erhalten. Dies kann eine farbige – meist grüne bis blaue – Energie sein, die ihr zu euch zurückfließen seht. Oder ihr spürt einen Energierückfluss in Form von Vibration, Kribbeln, als ein Gefühl von Dankbarkeit oder als würdet ihr liebevoll in die Arme genommen werden. Jeder wird es individuell und auf seine Weise wahrnehmen. Dennoch könnt ihr sicher sein: Ihr werdet wissen, wenn es geschieht und der Kontakt da ist. Alles, was ihr wahrnehmt, ist richtig und findet so statt. Habt keinen Zweifel daran.

Wenn ihr ein solches Signal erhalten habt, könnt ihr euer Seelentor ansprechen und begrüßen. Ihr könnt nun kommunizieren, Fragen stellen oder um Heil- und Lösungsenergien bitten. Es werden immer Antworten gegeben, und euren Bitten nach Energie oder Unterstützung wird stets eine Erfüllung folgen. Wichtig dabei sind jedoch folgende Regeln:

Ihr könnt nur Fragen für euch selbst stellen, nicht für oder über andere Seelen (auch nicht bei erteilter Erlaubnis). Ihr könnt Heilung, Klärung und Stärkung nur für euch selbst und euren eigenen Körper/Energiekörper erbitten, nicht für andere. Euer Seelentor ist zunächst nur für euch und als Verbindung zu eurer eigenen göttlichen Matrix vorgesehen. Also darf es nur in dieser Form eingesetzt werden. Nur ganz wenigen Heilerseelen ist es vorbehalten, die Kraft und das Wissen ihrer Matrix und auch der allgemeinen übergeordneten Gottesmatrix zum Wohl anderer einzusetzen.

Dies sind Auserwählte und Ausnahmeseelen, denen eine solche Aufgabe vom Kosmos zugesprochen wird. Niemand kann darum bitten oder es durch bestimmte Fähigkeiten oder entsprechenden Lebenswandel erreichen. Der Zuspruch erfolgt, wenn er erfolgt, und er unterliegt allein Gottes Entscheidung, welche sich stets nur durch und in sich selbst begründet.

Ihr braucht keine Angst zu haben, dass ihr im Kontakt mit eurem Seelentor und der Matrix falsch handeln könntet, zum Beispiel aus Versehen durch unglückliche Formulierungen usw. Wenn die Kommunikation zum Seelentor nicht rein auf euch ausgerichtet ist, wird es einfach keine Antworten oder Rückflüsse geben. Dann wisst ihr, dass ihr euch nicht innerhalb der geltenden Regeln befindet und könnt euch neu ausrichten. Ihr seht: Es ist für alles gut gesorgt. Fehler durch euch und auch jede Übertretung oder Missbrauch an euch durch andere sind ausgeschlossen.

Was könnt ihr nun tun mit eurer Verbindung zum Seelentor?

- Ihr seid in der Lage, bestimmte Basisinformationen zu eurem Seelendasein abzurufen. Dazu gehören der Lebensplan für die aktuelle Inkarnation, die Zusammensetzung eurer generellen Lebensessenz (globaler Seelenplan), ein Bild vom Aussehen eurer Seelenform (göttliche Blueprint), die Grundfarben eurer Seele, das Alter eurer Seele und die Anzahl eurer bereits gelebten Inkarnationen.

- Ihr könnt das von Gott in euch gelegte Zeichen/Symbol abfordern, das ebenfalls die Essenz eurer Seele als Energieform widergibt (Essenzsymbol).

- Ihr könnt Energie aus der Grundfarbe eurer Seele zu euch strömen lassen. Sie wird euch stärken und weiterhin für Balance und eine gute Herzöffnung bei euch sorgen.

- Ihr könnt eure Seelenmusik zu euch strömen lassen, sozusagen eure „vertonte" Seelenessenz und musikalische Urform der Seele.

- Ihr könnt um die Durchgabe von Heilfarben bitten, die euch in aktuellen Problemsituationen weiterhelfen und euch dann in dieser Farbe kleiden oder auf andere Weise damit arbeiten.

- Ihr könnt zum gleichen Zweck Affirmationen oder Gebete für euch erfragen.

- Ihr könnt Fragen zu persönlichen Heillandschaften oder Kraftplätzen stellen.

- Ihr könnt um jede Art von Heilungsunterstützung und Stärkung durch passende Energieformen bitten.

- Ihr könnt Fragen an die Weisheit eurer Seele richten und Antworten dazu erhalten.

Alle diese Möglichkeiten eröffnet euch der Kontakt über das Seelentor. Wenn ihr genau zählt, sind es acht, und sie stellen die bereits erwähnten Felder, die göttlichen Quadranten, dar. Jeder Quadrant birgt eines dieser Themen mit den notwendigen Informationen und Energiequalitäten.

Wie jede Technik benötigt auch die Kommunikation mit dem Seelentor anfängliche Übung. Seid nicht entmutigt, wenn der Kontaktaufbau zunächst Zeit in Anspruch nimmt und nicht immer sofort zustande kommt. Auch die Menge an Informationen oder zurückfließenden Empfindungen wird sich erst langsam steigern. Bleibt einfach am Ball. Irgendwann wird es schnell und einfach gehen.

Nehmt euch immer ausreichend Zeit und auch das nötige Maß an Achtsamkeit und Ruhe, um euch mit dem Seelentor zu verbinden. Bedenkt, es ist eine Verbindung zur (eigenen) Göttlichkeit, die liebevollen Respekt erfordert.

Dankt ausgiebig für jede Information, alles Wissen und jede Art Unterstützung, die vom Seelentor zu euch fließt.

Wenn ihr die Verbindung aufheben möchtet, tut dies einfach durch diese Danksagung oder verwendet eine Abschiedsformel, wie sie euch richtig erscheint.

Bedenkt, dass diese Kommunikation zwar alles frei und offen lässt, jedoch vor allem für wichtige Fragen und Erfordernisse bereitsteht. Haltet die Option für wichtige Dinge. Verschwendet diese Art Verbindung nicht mit Alltagskleinigkeiten oder zur Bestätigung bereits getroffener Entscheidungen. Dies wäre in gewisser Weise unnütz und eitel und trübt die Reinheit dieser Verbindung.

Versucht euch nun in der hier genannten Weise an der Verbindung zu eurem Seelentor. Sie wird wichtig sein für den weiteren Weg in die neue, lichtvolle Zeit.

Natürlich birgt das Seelentor viele Möglichkeiten und Potenziale. So wird irgendwann auch eine Vernetzung und Kopplung zwischen mehreren Seelentoren und zu bestimmten Zwecken möglich sein. Aber das liegt noch in der Zukunft.

Jetzt gilt es zu starten und zu lernen, und ich freue mich, wenn viele von euch damit beginnen und es unbedarft und voller Vertrauen versuchen. Ihr dient damit nicht nur euch und der Rückfindung in eure Göttlichkeit, sondern dem gesamten kosmischen Licht- und Heilweg.

Habt schon jetzt Dank dafür und empfangt meine Umarmung!

LADY PORTIA

Jesus Christus Sananda:
Die Botschaft des Lichts

Sei gegrüßt, geliebtes Kind. Bald kommt das Licht. Das Licht kommt.

Vernimm meine Worte, es sind die Worte direkt aus dem Licht. Es ist nicht nur das Licht, wie ihr es kennt und es euch vorstellt. Es ist nicht nur goldenes Strahlen vom Himmel, göttlicher, heller Schein. Es sind das Licht und die Energie des tiefsten, göttlichen Ursprungs und das Erstrahlen des ewigen Seins der Quelle.

Die Quelle, die als Schöpfung aus ihrer eigenen Schöpfung entstand und die Geburt und Tod, Werden und Vergehen sowie Kommen und Gehen gleichzeitig in der Ganzheit ihres Daseins birgt und vereint. Sie ist Endlichkeit und Ewigkeit in einem, ein nicht zu durchbrechender Kreislauf des Lebens und des göttlichen Rhythmus.

Diese Quelle spricht nun selbst zu euch, aus ihrer eigenen Seele. Ich bin nur der Träger und Überbringer dieser Worte beziehungsweise leite sie durch meine Energiefrequenz, denn diese ist notwendig, damit ihr die Worte vernehmen könnt.

So spricht nun das Licht selbst zu euch Erdenkindern:

Geliebte Seelen, ich bin das alles umfassende, göttliche Licht und wende mich an eure Herzen. Wellenförmig gelange ich zu euch, umarme eure Seele voller Liebe, weich und warm. Ich fülle euch an und erstrahle in euer ganzes Sein.

Spürt die Verbindung zu mir, unser aller Ursprung und unser Zuhause. Wir entstammen alle dem gleichen Lichtkern des ewigen Seins und der ewigen Kraft und Energie der Liebe. Öffnet euer Herz, dann könnt ihr mich spüren auf immer und ewig. So werde ich zu euch kommen, ich bin schon auf dem Weg. Ich werde als großes, helles Licht die Welt erreichen und erstrahlen lassen. Ich strahle auf alle Ebenen des Bewusstseins und des spirituellen Seins aller Seelen und Wesenheiten.

Die materielle Welt wird ebenso davon durchwirkt wie alle Energiekörper und astralen Welten und Dimensionen. Denn alles ist ein Ganzes, das aus einem Ursprung kommt. Alles ist vernetzt und verbunden. Durch starke Verbindungen, wie auch durch feinste Fäden seelischen Seins.

Ich bin das Licht der Liebe und der Wahrheit. Es ist eine Wahrheit, die ihr nur mit dem Herzen spüren könnt. Aber dann wird sie alles durchdringen, auch den Kopf und den Verstand. Ich scheine, strahle und leuchte. Golden, rosa, silbern und sonnengelb. Ihr könnt mich auch als farbiges Weiß sehen und als weißes Leuchten von Farben. Ich bin der Regenbogen aus allen astralen Farben, ein Widerhall aller Farben und allen Glanzes des Universums. Gott zeigt seine gestaltlose Gestalt und Energie durch mich. Und so wird alles wieder in die Göttlichkeit einkehren, was ich mit meiner Helligkeit berühre und in mein Licht einhülle.

Ich bin das Leuchten der Liebe und erfasse die tiefsten Punkte eures Herzens und eurer Seele. Und in euch werden Antworten darauf entstehen. Es wird ein Aufschwingen in neue Dimensionen von Bewusstsein, Dasein, Liebe und Mitgefühl möglich sein. Energie wird euch durchziehen und durchwärmen, bis ihr sie erkennt und durch euer eigenes Strahlen in die Welt und in die Herzen anderer weiterleitet. Ich – das Licht – werde euch klären, eure Sinne schärfen, euch Sinn geben und euer Leben in die Klarheit und Bestimmung leiten.

Lasst mich euch in die Neue Zeit tragen, in neue Variationen des Lebens, in neue Variationen von Lebensart und Manifestationen. Lasst mich euch in neue Erkenntnisse und Achtsamkeiten tragen. Lasst mich euer Bewusstsein erhellen und offener gestalten. Ich bringe euch Erkenntnis, Zuversicht und Vertrauen. Ich bringe euch die Pfade in die neue Freiheit eures Seins und beleuchte die Wege in ein neues Zusammensein. Ich beleuchte die Wege, damit jeder seine Bestimmung und seine Glückseligkeit finden kann. Fühlt euch aufgehoben in meinem Lichtkegel. Habt keine Angst, weil ihr keinen Schatten von euch seht. Das hier ist nichts Logisches, es ist eine Herzenserleuchtung.

Werdet still, wenn ihr mich erblickt. Werdet achtsam, wenn ihr mich fühlt. Seid im Vertrauen, wenn ich euch erfülle. Schwingt mit mir in die Neue Energie. Spürt die Neue Energie und die neue Kraft von Liebe in euch. Fühlt den Ursprung eurer eigenen Göttlichkeit. Umarmt das Licht, umarmt Gott, umarmt euch selbst.

Ich bin das Licht, und ich sage euch: Seht und erwacht in ein neues Ganzes!

☆☆☆

Dies war die direkte Botschaft des Lichts. Ich, Sananda, werde folgende Erläuterungen ergänzen:

Habt keine Angst vor der Botschaft oder der Kraft des Lichts. Nichts zu Brachiales wird geschehen. Für jeden werden Veränderungen so sanft wie möglich angetragen. Und ihr könnt sie wählen oder auch nicht. Ihr könnt alle alten Formen sofort loslassen oder lernen, mit neuem und altem Bewusstsein zunächst zu leben und euch weiterzuentwickeln. Ihr könnt auch an alten Strukturen festhalten. Nur wisst, dass dieses viel Kraft kosten kann, denn die Energie in und um die Welt und in der kosmischen Aura wird sich unaufhaltsam ändern. Diese Energie passt nicht mehr zu den alten Strukturen, beziehungsweise diese Strukturen können nicht mehr auf ewig mit ihr schwingen. Darum öffnet euch zumindest für den Gedanken, dass es irgendwann Veränderungen geben wird, in einem jeden

Leben und innerhalb der Welt. Aber alles wird aufwärts führen, in neue Chancen und Freiheiten, und neue Erfüllung bereithalten.

Das Licht ist ein Geschenk Gottes an euch und auch ein Geschenk, das alle Seelen sich in liebevoller Absprache gegenseitig machen. Neue Möglichkeiten liegen darin. Ihr könnt neue bessere Perspektiven einnehmen, die von Liebe, Güte und Fairness getragen sind, statt von Anstrengung, Stress, Kampf oder Ungunst. Ihr werdet neue Fähigkeiten erwerben können, neue spirituelle Zugänge erhalten. Eure Schöpferkraft kann ganz in euer Bewusstsein gelangen und euch Raum geben für das Leben eurer Seelenpersönlichkeit. Ihr könnt mehr und mehr spüren, wie kraftvoll ihr Schöpfer sein könnt und wie leicht Ergebnisse erreichbar sind.

Sicher, euer Verstand sperrt sich hier noch oft und weigert sich, zu glauben und zu vertrauen. Denn im Außen macht ihr noch unschöne und erfolglose Erfahrungen. Doch geht in das Vertrauen, dass dies nur noch letzte Ausläufer von alten Energien, Mustern und altem Karma sind.

Das Jahr 2013 ist der Beginn des Lichts. Es ist auch der Beginn von Karmaerlösung. Vieles könnt ihr für euch selbst erlösen, durch eure Absicht, Altes liebevoll und achtsam gehen zu lassen. Dankt den alten Energien und Mustern, die euch für die Entwicklung eurer Erfahrungen gedient haben. Hadert nicht, ärgert euch nicht und bezweifelt nichts, denn was geschehen ist, ist geschehen. Nehmt es an, und dann gebt es in Liebe frei. Entbindet alte Strukturen, Gedanken und Glaubenssätze und auch alle negativen Gefühle von ihren Aufgaben. Sie dürfen frei sein, von euch gehen und sich in etwas Neues transformieren, was euch mehr dient: Freiheit, Wahl, Toleranz, Güte und Liebe.

Geht in eure Mitte, schaut in eure innersten Balancen. Seid ihr im Gleichgewicht mit eurer Selbstliebe, eurem Herzen und eurem inneren Lebensplan? Wenn nicht, dann macht euch auf den Weg. Korrigiert, schreitet voran zu euren wahren Plänen und Zielen. Wünscht euch den Einklang mit dem Kosmos, der Bestimmung und euch selbst. Es wird geschehen. Dieser Bitte wird entsprochen werden. Nur werden die Wege neu sein, ungeordnet und unerwartet erscheinen. Aber auch diese Phase wird vergehen, denn ihr müsst erst lernen, auf diesen neuen Wegen voranzugehen. Die Lösungen und Manifestationen werden auch neu strukturiert sein und somit anders stattfinden, als ihr es bisher gewohnt wart.

Aber habt davor keine Angst, keine Zweifel und bleibt im Vertrauen, auch wenn ihr vieles (noch) nicht versteht oder nachvollziehen könnt.

Geht einfach der Fragestellung nach: Möchtet ihr Leichtigkeit, Schweben und eine unbeschwerte Reise? Dann sagt einfach JA und überlasst euch der Neuen Zeit, dem neuen Licht. Der Einklang, den ihr mit euch findet, das Erkennen der eigenen Seele, ist der Startpunkt, der Antrieb, damit dieses Überlassen, das Abgeben von alter Kontrolle, das Eintauchen in einen kosmischen Fluss möglich wird.

Dafür braucht ihr nichts zu überstürzen, keine vorschnellen Handlungen zu vollbringen. Seid ruhig und gelassen. Erwartet zunächst das Licht. Spürt in das hinein, was das Licht euch offenbart und erläutert hat. Alles wird sich finden. Alles gerät in die Mitte und in ein neues großes Sein.

JESUS CHRISTUS SANANDA

El Morya: Der innere Aufstieg

Wohin geht der Weg? Der Weg unser aller Seelen? Tief in eurem Herzen wünscht ihr euch nichts sehnlicher, als in liebevolle Verbindungen und Kräfte eingebettet zu sein. Ihr wünscht euch Geborgenheit und Frieden als dauerhaften Zustand in eurer Mitte, in eurem Herzen.

Jede Seele möchte zurückkehren in ihr reines, ursprüngliches Dasein. Möchte ihre Qualitäten, ihre höchsten Eigenschaften und ihre ganz eigene Liebe leben – egal, in welcher Form, Inkarnation oder Manifestation. Ihr möchtet Teil eines Miteinanders sein, das aus ungeteilter Liebe, Achtsamkeit und Respekt besteht. Aus Gegenwärtigkeit, Rücksichtnahme und Mitgefühl.

Ihr möchtet Teil eines gesamten, großen Bewusstseins sein, bei dem ihr wisst, dass jede anteilige Seele darin die gleiche göttliche Absicht und Liebe lebt. Ihr möchtet Freiheit und Toleranz, statt Beurteilungen oder Verurteilung. Ihr wünscht euch Raum für euer Tun und Sinn darin, statt Eitelkeiten und Kämpfe. Ihr sehnt euch nach Gemeinsamkeit in eurem Herzen und gelebter Freude, statt Gier, Neid und Erfolgsdruck. Ihr möchtet selig sein, statt ehrgeizig. Freudig und zufrieden, statt überbeschäftigt und gestresst.

Ihr möchtet Handlungen und Konsum mit reinem Gewissen sowie gerechtere Aufteilungen innerhalb der Menschen- und Seelengemeinschaften. Ihr möchtet Nähe und

Verbindung mit der kosmischen Schöpfung. Ihr möchtet den Einklang mit eurer biologischen Rhythmik, mit den Rhythmen der Natur und auch euer eigenes Seelentempo zurück. Ihr möchtet leben innerhalb von Gottes Geschenken an euch. Ein unerreichbares Ziel? Wenn man alle Umstände im Außen schaut: Vielleicht. Wenn ihr in euch hineinschaut: Ganz und gar nicht!

Die paradiesischen Horizonte, die ihr tief in eurem Inneren anstrebt, liegen in euch selbst. Ihr tragt bereits alles in euch, um eure Reise dorthin zu beginnen und zu steuern.

Tief in euch liegen das Wissen, die Macht und die Kraft für diese Reise und für eine Ankunft im Ziel. Und da ihr dieses Ziel mit dem Herzen wünscht, liegen auch in jedem Herzen der Schlüssel und der Zugang für euren Aufstieg. Denn es ist ein innerer Aufstieg, der zum neuen Bewusstsein und in die neue, lichtvolle Zeit führt. Welche Schlüssel sind es nun, die euch den Weg zum eigenen inneren Aufstieg öffnen können?

Geduld

Das geistige Annehmen, dass es sich hier um eine Wandlung und nicht um einen „technischen" Durchlauf oder Prozess handelt. Diese Wandlung hat keine vordefinierte Abfolge und keine feste Zeit. Sie hat *ihre* Zeit und *ihr* Werden. Ihr könnt nichts beschleunigen, weglassen, verkürzen oder überspringen. Vertraut darauf, dass es wird, wie es wird. Vertraut darauf, dass ihr neu werdet. Seid in der Tat im Gottvertrauen.

Innere Öffnung

Es ist sinnvoll, innerliche Freiheit anzustreben. Öffnet alle eure inneren Räume. Nehmt alles an, was ihr darin findet. Was da ist, darf da sein. Öffnet die inneren Türen durch bewusstes Atmen in der Stille und in die Stille eures Körpers hinein. In der Ruhe des Atmens werdet ihr euch eurer Räume gewahr. Ihr könnt entdecken, was sich darin verbirgt und wie groß sie sind. Bleibt offen dafür und erwartet alles mit Freude. Durch das Annehmen aller Dinge, die in euch sind, durch das Schauen ohne Urteil oder Beurteilung, steht ihr in Liebe zu euch selbst und gelangt in die innere Freiheit. Euer Innen wird groß und weit.

Bewusstsein für das Außen

Verbindet euch bewusst mit dem Außen. Seid im Jetzt. Schaut den Moment und nehmt auf, was gerade geschieht. Schaut eure Umgebung an. Die Menschen, die mit euch in Kontakt gehen. Bleibt nicht oberflächlich. Seht. Hört zu. Worüber sprechen andere zu euch? Wie fühlt ihr euch mit ihnen? Wie fühlt sich die Gegenwart mit diesen Seelen an? Wie wirken Landschaften, Geräusche, Farben auf euch? Könnt ihr euer Herz für das Außen öffnen? Fühlt ihr euch im Einklang mit dem, was euch umgibt? Was stört eventuell euer Herz-, Bauch- oder Wohlgefühl? Fragt euch das immer wieder. So könnt ihr erkennen, was in der Liebe und in der Wahrheit ist, oder wo noch Verbesserungs- und Handlungsbedarf bestehen. Könnt ihr durch eigenes Tun die Ungleichgewichte klären? Und wenn ja: Was spricht dafür, es zu tun? Und dann: Tut es.

Mit dem Herzen sehen und handeln

Sooft schreibt ihr Menschen über diese Thematik oder singt Lieder mit solchen Texten: Auf das Herz kommt es an, folge deinem Herzen, öffne dein Herz, und vieles mehr in dieser Art.

Doch tatsächlich tut ihr es noch zu selten. Der Grund dafür ist tiefe, innere Angst. Die Angst, an Position, Macht, Kraft oder Status zu verlieren. Die Angst, dadurch schwach, benutzt oder ausgenutzt zu werden. Oder auch die Angst, wirklich etwas Gutes zu bewirken, Liebe zu zeigen und sich zur Kraft der Liebe zu bekennen. Doch was ist schlimm daran, sich in das Gute zu begeben? Mit Emotion, Mitgefühl und Verständnis zu handeln? Anderen zu helfen, sie zu unterstützen oder sie einfach zu erfreuen? Die Ängste, die uns oft davon abhalten, entstehen durch mangelndes Vertrauen und Gedanken, die aus der Welt der Dualitäten herrühren. Beispiele gefällig?

- Ein Vorgesetzter ist sehr zufrieden und stolz mit dem Arbeitsergebnis eines Mitarbeiters. Er sagt das aber nur recht knapp, indem er sich bedankt. Seine eigentlichen Emotionen behält er zurück aus Angst, er könnte dadurch zu viel Nähe erzeugen und an Autorität verlieren.

- Eine Frau würde einer Bekannten gerne Geld leihen, das dieser aus einer Notsituation helfen würde. Da sie die Frau jedoch nicht so gut kennt, melden sich Zweifel bei ihr, ob es richtig ist und ihre Hilfsbereitschaft nicht doch ausgenutzt wird.

- Ein Mann würde sich gerne bei der Kindergärtnerin seiner Tochter bedanken, weil sie sich sehr gut um sie kümmert und engagiert ist. Eigentlich möchte er ihr einen schönen Blumenstrauß kaufen. Er tut es dann doch nicht, weil er Angst hat, es würde übertrieben oder lächerlich wirken. Oder am Ende werden ihm noch Annäherungsabsichten unterstellt oder dass er andere Vorteile erzielen möchte, was peinlich wäre.

So könnte es noch ewig weitergehen. Alles Beispiele für das Handeln in Dualitätsmustern. Für das Herz spielen diese jedoch keine Rolle. Wer ganz nach seinem Herzen handelt, ist völlig frei. Und so sollte es sein. Es ist einfach, und es gibt nichts zu verlieren. Es gibt nur Gewinner.

Entflammt die Herzen der anderen

Seid nicht so schüchtern! Ihr alle habt Energie und Ausstrahlung genug, um die Menschen um euch herum zu erreichen, Kontakte herzustellen, Emotionsbrücken zu bauen. Ganze „Herzensstädte" und Reiche könntet ihr errichten.

Zu oft sind Seelen noch mit ihrem Geist im eigenen Geschehen verhaftet. Neben solcher Unbewusstheit kommen als Gründe auch Bequemlichkeit, emotionale Hemmung, Angst vor Nähe, aber auch Angst vor der eigenen emotionalen Macht infrage, weshalb dieses Potenzial nicht weit genug genutzt wird. Seht die Menschen an. Blickt aufrichtig und voller Freude in ihre Augen. Lächelt. Richtet Worte der Freundlichkeit und Aufrichtigkeit an sie. Wenn ihr noch mehr erreichen möchtet, füllt eure Worte und Blicke mit wahrer Freude und Liebe. Tragt sie mit einem Lachen oder positiven Gesten zu anderen Menschen hin. Sprecht an, weckt auf, rüttelt wach, macht aufmerksam, spannt emotionale Schnüre! Wählt Worte aus eurem Herzen, und es wird gelingen: Menschen werden hören, zuhören, aufnehmen, erwachen, berührt sein, mit euch fühlen. Und dann: etwas zurückgeben.

Ihr alle habt die Gabe, andere Herzen zu erreichen, anzufachen, zu berühren. Nutzt sie. Denn wie schnell können sich so alle positiven Gedanken, Haltungen, Gefühle und Wohlgefühle weiterverbreiten und fortpflanzen.

Von Herz zu Herz und mitten hinein in das große Seelen- (Massen-) Bewusstsein und den Kosmos.

Durch die Umsetzung dieser fünf Bewusstseinsschlüssel kehrt sich irgendwann der innere Aufstieg schrittweise nach außen und fördert weitere, innere Aufstiege anderer Seelen. Bis letzlich der innere Aufstieg zum gesamten, äußeren seelischen Aufstieg wird. So werdet ihr schließlich als Gemeinschaft ans Tor des Neuen Zeitalters gelangen.

So seht und begreift diese fünf Schlüssel. Oder, besser noch: Ergreift sie. Schaut, inwieweit sie für euch schon ausreichend Bedeutung haben. Was habt ihr schon begonnen umzusetzen, in euer Handeln zu integrieren? Wo liegen eure inneren Hürden und Hemmnisse? Schaut sie an, hinterfragt und klärt sie.

Fragt euch immer wieder, was ihr mit dem Herzen seht, fühlt, sagen möchtet. Und dann lasst euch nicht aufhalten von Zweifeln, Bedenken oder Gedanken. Je mehr ihr die Hürden des Zweifels überwindet, und je mehr Vertrauen ihr eurem Herzen, dem Gefühl der Mitte und der Intuition schenkt, desto einfacher wird eure wahre Seele, eure Herzenskraft euch leiten können.

Das Außen ist nichts, was einfach allein existiert oder zufällig passiert. Ihr selbst seid euer Außen. Nichts von dem kann es geben, wenn euer Inneres dies nicht zulassen oder erschaffen würde. Darum wisst: Eure inneren

Haltungen, Erwartungen und Gefühle schaffen die Welt dort draußen. Es ist, auch wenn es als physische, materielle Welt erscheint, nur eine Bewusstheit, die durch eure Seelenkräfte entsteht. Ihr seid die Schöpfer von Entwicklungen, Umständen, Ergebnissen, Daseinsformen. Ihr bestimmt, ob es bergauf oder bergab geht. Ob es schwer oder leicht ist in eurem Leben.

Wenn euch diese Erkenntnis bewusst wird und ihr euch darin annehmen könnt, seid ihr in der absoluten Freiheit. Ihr könnt euch als Seele in eure reine Wahrheit hineinentwickeln und in eure Bestimmung finden. Ihr könnt aus der reinen Liebe und Freiheit heraus leben – ohne Beurteilungen, Ängste oder Begrenzungen. Dann werden große Bewusstseinssprünge möglich sein. Und diese braucht es auf dem Weg in das Licht und für die neue goldene Welt.

Darum springt, lasst euch ein. Ihr braucht nur die reine Liebe in euch und ihre Macht zu erkennen. Begreift Begrenzungen als Verstandesbegrenzungen, die ungeprüft und eigentlich nicht vorhanden sind. Und dann lebt – immer den Moment, nicht so sehr das Ziel. Das Ziel wird kommen, wenn ihr es im Herzen tragt und für möglich haltet. Dann kommt ihr an. In Leichtigkeit und Licht. Freut euch!

In Liebe und Dankbarkeit,

EL MORYA

Durchsagen zu weiteren, allgemeinen Fragen

Erzengel Jophiel: Erlösende Life-Work-Balance

Stress, Zeitmangel, sozialer Empathieverlust. Wie können wir die Spirale von Arbeitsüberlastung durchbrechen und in eine erlösende Life-Work-Balance gelangen?

Hallo, geliebtes Erdenkind,
danke, dass dir mein Licht gefällt. (*Anmerkung: beim Kontakt mit der Engelenergie spürte ich viel gelbes Licht und dachte: Hey, was für ein tolles Gelb.*)

Die Zustände, die Teil deiner Frage sind, sind in der Tat beschwerliche Umstände für viele Menschen. Während auf einem Großteil der Welt die Menschen nur um das reine Überleben kämpfen, um ihr Dasein oder ihre Existenz in Frieden, habt ihr aus den wohlhabenden Weltenteilen ein anderes Überleben zu sichern und andere „Kriege" zu führen. Es sind die Kriege in euch, und die Erlösung wäre der Frieden in euch.

Was könnt ihr tun, um in diese Erlösung zu gelangen?

Rücksicht ist ein Weg; Rücksicht gegenüber euch selbst, aber auch gegenüber anderen, die nicht so schnell sind, nicht (sofort) euren Plänen genügen, oder die auch die gleichen Verstrickungen haben wie ihr.

Was soll es bringen, dass Pläne minutiös ablaufen? Es sei denn, es handelt sich um die Einhaltung physikalischer oder medizinischer Zeiten. Aber letztendlich sind auch diese Pläne nur ein Machwerk eures Egos. Was könnte Schlimmes geschehen, als dass das Leben einfach fließt? Denn das ist letztendlich die wahre Essenz, die Wahrheit des Lebens. Es fließt, es geschieht. Unabhängig davon, wie viele Arbeiten, Pflichten und Perfektionen ihr euch aufbürdet. Dies alles beeinflusst diese Lebensessenz, diesen Ablauf nicht. Ihr denkt das und glaubt es in euren Köpfen, aber die Wahrheit ist es nicht. Ihr könnt nur leben und fließen.

Und das Tempo könnt ihr selbst bestimmen beziehungsweise solltet es (das Tempo) zulassen. Auch Zeit und Tempo sind eine Illusion in eurem Kopf, der Struktur benötigt. Alles passiert in seiner Zeit, dann, wenn es passieren soll. Und löst euch von dem Kampf, der Erwartung, wie das Tempo sein sollte. Es *IST* einfach, die Zeit ist davon gar nicht betroffen. Das Leben passiert im Grunde ohne Zeit.

Dadurch, dass ihr Glaubens seid, etwas kann nur so oder so geschehen, erzeugt ihr viel Stress, vor allem in euch selbst, ihr Lieben. Darum nehmt Rücksicht auf diese Dinge, auf euch und alle anderen Seelen, die *ihren* Fluss des Lebens haben.

Fühlt mehr, als zu denken. Spürt den Momenten, den Situationen nach. Was ist außerhalb von euch spürbar? Welche Signale seht ihr bei anderen Menschen? So gewinnt ihr mehr Empathie zurück. Geht nicht sofort in die Verurteilung, nicht mit euch, und schon gar nicht mit anderen. Das bringt euch wieder näher zur Quelle.

Wo wollt ihr eigentlich hin? Nehmt mehr die Achtsamkeit zu Rate, um eure Wege zu prüfen. Oft läuft man Strecken nicht mit dem Herzen oder die keinen tiefen Sinn besitzen. Mit Achtsamkeit könnt ihr solche Strecken meiden und eure Kräfte schonen.

Und was wollt ihr – ein jeder von euch – erreichen? Ihr treibt euch so hart an. Es ist gut, sich Erfahrungen zu wünschen, aber ihr verbindet zu oft den Erfolg damit, die Perfektion, die Wertung. Dabei geht es nicht darum beziehungsweise bräuchte es nicht.

Eine Erfahrung – sie geschieht. Und auch eine negative, schmerzliche Erfahrung kann ein erreichtes Ziel sein. Ein Ziel, das eure Seele erreichen wollte.

Lasst euer Leben einfach mehr zu. Seid offen für das, was geschieht. Plant, aber klebt nicht daran. Zeit ist die Zeit, die geschieht. Der Fluss des Lebens geschieht, die Erfahrung geschieht, und damit ist schon alles erreicht, ihr lieben Erdenseelen: **IHR SEID!**

Das ist die Wahrheit, die eigentliche Aufgabe. Aufgabe und Ziel zugleich. Und dadurch, dass dies geschieht, dass ihr in jeder Sekunde *seid,* habt ihr in jeder Sekunde immer schon alles erreicht, aber eventuell nicht erlebt. Darum seid achtsam und liebevoll mit dem Moment, dem Jetzt. Und schon gelangt ihr mehr in eure Bahnen.

Und hört auf, so starr zu trennen, wie es sehr gestresste Menschen tun. Sie teilen ihr Leben in Pflicht, Verzicht, Arbeit, Muße, Ruhe, in Positiv und in Negativ. Aber dadurch zerteilt ihr die Freude am Leben und seinen geruhsamen Fluss. Jeder Moment *ist* und hat eine Qualität. Jeder Moment ist Teil des Ganzen und verbindet sich zum Lebensstrang.

Je weniger ihr zerteilt und je mehr ihr in der Kette des Lebensflusses bleibt, desto ruhiger werdet ihr sein, desto weniger zerrissen zwischen Polaritäten.

Darum bleibt in eurem Herzen und spürt. Und nehmt an, was fließt, und euer Leben und das Empfinden des Lebens und des Tages werden friedlicher und ein völlig anderes sein.

Gott zum Gruße, geliebte Kinder.

JOPHIEL

Erzengel Haniel und Uriel:
Ein neues Gesundheitssystem –
Welche Schritte können wir gehen?

Guten Abend, geliebtes Kind. Ich, Haniel, möchte zum ersten Teil deiner Frage Stellung nehmen:

Der ganze Mensch – was ist er überhaupt?

Ihr seht euren Körper, seinen Werdegang und sein Altern. Doch das System Mensch ist nicht nur ein stofflicher Zusammenhang, ein Funktionieren von Regelkreisen, Muskeln, Sehnen, Nerven, Blut und Organen.

In erster Linie seid ihr nicht Körper. Ihr seid Geist, beseelte Energie, göttlicher Funke. Eure Seele – sie ist grenzenlose Schwingung. Energie ja, aber dennoch kein bisschen Materie. Sie trägt ein Alles und das große Nichts, was wiederum ALLES ist, in sich.

Sie (die Seele) probiert sich in allem aus. Für ihren Ausdruck benötigt sie zum Beispiel einen Körper, das heißt, sie verdichtet ihre Schwingungen zu Materie. Größe, Gesicht, Ausdruck und Körperaufbau, ja, einfach alles entsteht aus dem Bauplan, den die Seele erwählt. In jedem Leben kann dieser anders sein.

Auch wenn sich ein so großes Schwingungsfeld wie das der Seele auf einen begrenzten und – so scheint es oft – im Vergleich recht hilflosen Körper reduziert, bleibt doch die Verbindung zum göttlichen Feld, zur grenzenlosen großen Urschwingung der Seele (über die silberne Schnur) erhalten. Somit ist der Mensch ein Stück Materie aus Seele.

Der ganze Mensch – ist alles Sichtbare und Messbare, wie auch alles Feinstoffliche und Unsichtbare. Ein komplexes, verschachteltes System unterschiedlicher Energien, die unterschiedlich schwingen und sich am Ende dennoch wieder zu einem Endergebnis aufaddieren: in die reine „Gottheit Seele".

Jetzt fragst du dich zu Recht: Ein fast eindimensionales Gesundheits- und Medizinsystem für eine solche Definition des ganzen Menschen? Wie soll es sich so passend ausdehnen können? Es ist doch momentan recht weltlich und sachlich.

Es dehnt sich auch nicht über sachlichen Input aus. (Das würde ja Triaden Jahrzehnte dauern!) Es dehnt sich durch EURE Bewusstseinsdehnung. So, wie eure Ausrichtung, euer medizinischer Geist, sich weitet, wächst und dehnt es sich mit, und die Lösungen für neue Gestaltungen werden ihm zufließen.

Schaut, wie es doch schon vorangegangen ist: von der Alchemie und schrittweisem Annähern und Ausbau der Schulmedizin, dann zur Apparatemedizin. Alles eher seelenlose, aber notwendige Schritte auf der Leiter. Die letzten zwei Jahrzehnte sind Naturmedizin und alternatives Heilen dazugekommen. Es öffnen sich die Felder und gar eure Krankenkassen und Geldsysteme dafür. Aber warum letztlich? Weil sich die Menschen verändern und sich diesen Dingen (wieder) zugewandt haben.

Das ist das Muster, das Prinzip. So wird es weiter vorangehen. Seht die spirituellen Heilungsformen: Vor zehn Jahren noch belächelt. Heute werden sie mehr und mehr mit Interesse betrachtet. Sogar wissenschaftlich versucht man, ihre Wirkungen zu beweisen.

Je offener die Köpfe und Herzen werden, desto mehr kann hinzugelernt werden. Vom Heilen der Seele, dem Heilen über die Ganzheit, über den Weg des Herzens und auch über die göttliche Liebe.

Stell dir vor, geliebtes Kind, du gehst zu einem ganzheitlichen Heiler, und dieser stellt dir ein Rezept aus über zehn Kontakte mit der göttlichen Liebe, die in dein Herz strahlt. Wie fühlt sich das an? Ja, jetzt bekommst du zehn Massagen oder Injektionen, aber warte ab, diese feinstofflichen Wege werden irgendwann erscheinen. Viele Grundsteine sind schon gelegt.

Natürlich wird es auch die körperliche Medizin noch geben. Doch wird diese versuchen, mehr und mehr die seelischen Ursachen oder auch karmischen Stränge hinter den anatomischen Krankheiten zu sehen. Und die Menschen werden es auch annehmen können. Soweit meine Aussagen zu deinem Anliegen. Danke, geliebtes Heilerkind, dass du so viel mitgeschrieben hast.

HANIEL

Nun wirst du sicher schon auf meine Eingaben (Uriel) warten, Gottkind. Ich schließe mich gerne an:

Zum Wohl der Menschen sollte ein Heilsystem immer sein. Doch ihr seid durch viele materielle Verstrickungen, Macht- und Egogeflechte von diesem Weg abgekommen. Sehr dicht ist das Dickicht an Notwendigkeiten, Abhängigkeiten und Defiziten in eurem jetzigen Gesundheitssystem. Vieles darin liegt leider außerhalb vom Menschen, und von der Seele sowieso. Doch Verzagen ist nicht angebracht. Es kann Lösungen geben, die in einen neuen Weg münden.

- Ehrliche Ziele und Aufrichtigkeit.

- Neue Bedürfnisse müssen zunächst von den Empfängern des Systems formuliert und vehement ausgesprochen werden.

- Eine neue Achtsamkeit der Medizin wird vonnöten sein. Wie Haniel schon sagte: Der Blick muss vom

Körper auf das System und Netz von Seele, Energie und Göttlichkeit gehen. Feinstoffliche Prägungen, Blockaden und Seelenpläne gehören mit in eine Diagnose der Zukunft.

- Vorbeugen und die Gesundheit erhalten muss wieder im Vordergrund stehen. Seelische Achtsamkeit und sensitivere Gesundheitswerte gehören wieder in den Fokus von euch allen und müssen schon den Kindern beigebracht und vermittelt werden.

- Ethik und spirituelle sowie kosmische Energiegesetze können nicht länger außen vor bleiben. Dazu kann auch gehören, Krankheiten auszuleben – weil es zum Weg der Seele gehört. Niemand soll im Stich oder sterben gelassen werden, aber Krankheiten können in einer neuen Definition in den Lebenslauf integriert werden.

- Aktivität eines JEDEN von euch. Liebe zu euch selbst, Aufmerksamkeit, die Gesundheit zu erhalten (vor allem die seelische). Das wird das Tun für den Einzelnen werden.

Gesundheit ist derzeit Konsumgut. Man *lässt* sich gesund machen und überlässt sich. Gegenleistung für die Zahlung, die man leistet. *Erwartung* als passiver Beitrag, der Vorrang vor der *eigenen* Heilerinitiative hat. Ihr solltet euch wieder bewusst werden, dass ihr alle Heiler seid, vor allem für euch selbst. Zukünftig wird es mehr sein als ein Mithelfen.

Überlegt einmal: eure Gesundheit! Das Wohl eurer Göttlichkeit, eure Glückseligkeit im Kosmos! So etwas Großartiges – wollt ihr es wirklich und ausschließlich nur anderen (den Medizinern und Medikamenten) überlassen? Ihr fühlt bereits jetzt, dass das durchaus nicht zusammenpasst. Eure heilige Seele, die in eurem Körper wohnt. Hier soll die Einnahme einer Tablette, ein Verband, eine Salbe (alleinig) ausreichend sein? Für den Körper: Ja. Und er soll auch die Mittel bekommen, die zur Verfügung stehen. Aber ihr sollt dahinter blicken! Verliert nicht die Frage nach dem *Dahinter*. Was trägt die Seele über den Körper nach außen? Was braucht es emotional oder spirituell, damit eure Ganzheit heilen kann und erhalten wird?

Ach, liebes Kind, nun frage mich nicht nach der Zeit für diese Entwicklung. Zeit existiert für uns nicht so wie für euch. Der Zeitrahmen würde auch zur Antwort nichts beitragen. Es ist nicht die Zeit, sondern die Dauer eurer Herzensentwicklung, eurer geistigen Veränderungen, die es dafür braucht. Vertraut darauf, dass es passiert. Und dass immer göttlicher Beistand nahe ist.

Gesundheit, Segen und Liebe für euch Seelen.

URIEL

Plato: Schulsysteme – Lernen wir das Richtige?

Vielen Dank, liebe Fragestellerin. Gerne werde ich dazu Stellung nehmen und versuchen, euch hier nicht nur eine Antwort, sondern eine neue geistige Perspektive zu bieten. Eigentlich sollte die Frage eher lauten: Lehren wir in der richtigen Form? Denn Lernen an sich ist immer richtig. Und alle Themen und Inhalte, die vorhanden und erlernbar sind, machen Sinn. Es gibt keinen richtigen, falschen oder überflüssigen Lernstoff. Selbst wenn man etwas über den Unsinn lernen wollte, wäre das ebenso wertvoll wie Gesetze der Mathematik, Daten der Weltgeschichte oder anderes.

Wenn ich die Entwicklung von Schulen, Universitäten und anderen Lernstätten betrachte, hat sich natürlich viel Positives getan. Die Lehrmittel, der Institutionsaufbau, die wirklich pädagogische Ausbildung der Lehrer, die Befreiung von zu starren Autoritäten. All das ist ein großer Fortschritt für die Welt. Ganz wunderbar finde ich, dass sich in der Welt immer mehr der freie Zugang zur Bildung etabliert. Früher waren Schulung und Bildung ein Privileg der Mächtigen und Reichen und bildeten Grenzen in den Gesellschaftsschichten. In so vielen Ländern ist das Lernen nun das Recht eines jeden, und genauso sollte es sein. Irgendwann soll und wird jede Erdenseele Zugang zu Wissen, aber auch zu Forschung und eigener Wissensentwicklung haben. Alles ist schon auf dem Weg.

Aber es gibt auch eine weitere Entwicklung, die leider in erneute Begrenzungen münden könnte: die Systematisierung und leistungsorientierte Prägung eurer Schulsysteme. Schaut einmal genau hin: Hier werden nicht mehr so sehr Wissen und Lernstoffe betont, sondern Leistungssysteme an sich. Viel wird geschrieben und festgelegt zu der Art, wie ein Schüler einen Bildungsweg durchlaufen, welche Voraussetzungen er erfüllen muss, welche Prüfungen nachzuweisen sind. Was immer mehr fehlt, sind Freiräume für Gestaltungen, sowohl bei Lehrplänen als auch bei Werdegängen. Wo bleibt die kreative Eigengestaltung bei Lehrkräften und Schülern? An welchen Stellen ist der Schüler aktiv gefordert, nicht nur beim Zensurennachweis, sondern auch bei den Lerninhalten und der Art und Weise, wie er lernen möchte? Äußere Normen und Planungsgebilde nehmen mittlerweile zu viel Raum ein. Dabei sind Inhalte, Lehren, Erfahrungen und auch Freude beim Lernen viel wichtiger. Es gibt so viele Menschen, Seelen, Schüler mit den unterschiedlichsten Talenten und unterschiedlichen Zugängen zum Lernen.

Wäre es nicht besser, fortschrittlicher und im Ergebnis vorteilhafter, wenn es ein Maß an Flexibilität gäbe, das es ermöglicht, diesen Unterschieden gerecht zu werden?

Natürlich muss es einen Ort und eine Funktionsweise „Schule" geben. Eine Grundstruktur und Regeln als Basis für alle. Doch ist es wirklich notwendig, fast auf den Tag genau Lernpensum, Inhalte und Quantitäten aller Art zu definieren und einem Schuljahr zuzuteilen? Warum nicht Fächer und drei Hauptthemen benennen und die Umsetzung, das Erlernen, offen halten? Ist den Schülern eine Reihenfolge wichtig (ihre Reihenfolge)? Wie möchte man das Wissen kennenlernen? Ich spreche bewusst nicht von Erarbeiten. Das ist ein garstiges Wort, wenn es um Wissen geht. Lernen und Wissen sind Erfahrungen, Eindrücke, Überlieferungen. Es sind Annähern, Ausprobieren, Testen, Forschen. Es sind sogar Spielen, Träumen, Nachspüren, Luftschlösser bauen, Visionen und Thesen entwickeln. Aus Irrtümern neue Wege erschließen. All das führt zu Wissen, Erfahrungsschätzen und sogar Weisheit. Und es hat einen weiteren Vorteil: Man lernt Lernen. Und man lernt es lieben.

Dies ist ein weiteres wichtiges Manko innerhalb eurer Lernsysteme: Es fehlt an Emotion. Alles wird rein formell, sachlich und nach Erfüllungsprinzip angesteuert. Logik und Beweisbarkeit zählen. Natürlich sind beides Säulen für die Wissenschaft, die Entwicklung und die Befriedigung des Verstandes. Doch gerade Lernen ist so sehr Emotion.

Wo ist für den Schüler noch Platz zum Nachsinnen, Träumen, Vorstellungen entwickeln? Ja, ihr denkt, es ist in den Lernthemen, den Aufgabenstellungen enthalten. Doch sind diese Räume viel zu klein und werden zu früh und zu schnell vom vorgeschriebenen Lernpensum, von Ergebniserwartungen und Zeitplänen überdeckt. Bei den jungen Schulkindern geschieht noch vieles spielerisch.

Aber warum nicht in allen späteren Unterrichtsformen? Die Freude ist so wichtig. Das Erleben beim Lernen, das eigene Potenzial zu entwickeln, neugierig individuelle Wege zu gehen. Das wäre ein besserer Weg in noch mehr Freiheit und Wissensfreiheit für euch. Der Nutzen des Lernens soll doch auf das Leben des Einzelnen wirken. Rein angesammeltes (Pflicht-)Wissen ist bloß da oder wird schnell vergessen. Wissen, das als unser eigenes Potenzial zu uns gelangt, bleibt uns auf ewig und stützt unseren Weg.

Darum ist meine Empfehlung, die ich euch ans Herz legen möchte: Schaut auf die Art und Weise, *wie* ihr lehrt. Prüft auf genügend Freiheiten, Freiräume, kreative Entwicklungen. Wie flexibel könnt ihr auf jeden Schüler, jedes Lerntalent eingehen? Passt das System den Potenzialen, den Eigenschaften der Schüler an, und nicht umgekehrt. Nehmt Druck und Leistungskomponenten bis auf das rein Notwendige heraus.

Und noch etwas zum Thema Lerninhalte: Die seelischen und emotionalen Aspekte müssen wieder in den Vordergrund, ebenso wie das Wissen durch Beobachten und Erleben der Natur. Verbindungen zu Mutter Erde und zu den Kräften des Kosmos müssen wieder geschaffen werden. Intuition und energetische Fähigkeiten sind genauso wichtig wie Kreativität und Entfaltung der Persönlichkeit. Auch hier liegen Talente von hohem Wert. Es sollte wieder gelehrt und übermittelt werden, dass wir ein kosmisches, ein energetisches System sind. Alle sind mit allem verbunden. Achtsamkeit, gemeinschaftliches Miteinander und Zusammenführung von Potenzialen und Idealen sind die neuen Werte für die künftigen Weltbürger. Diese Werte und Philosophien gehören dringend auf die Lehrpläne der Neuen Zeit. Ethik, Naturschutz und Umwelterhaltung, neue Energiegewinnung und die Gesellschaft der Zukunft sind wichtige Fächer und Kurse, die es zu etablieren gilt.

Dies wären Teile des Themas: lernen wir das Richtige? Wie es richtig ist, könnt ihr selbst entwickeln und gestalten. Viele Grundsteine sind schon da, viele Potenziale schon vorhanden. Baut eure Brücken in die genannten Richtungen aus, dann werdet ihr irgendwann alle noch offenen Lücken überschreiten und neue Wissensgebiete erreichen können.

Mit Ehre und Respekt,

PLATO

Che Guevara: Ehrliche Politik für die Menschen. Wie kommen wir weg von Machtdenken, Geld und opportunistischen Regierungen?

Liebe Malenia,

die Historie weiß viel über mich und hält viele biografische Daten bereit. Ebenso gibt es ideologisch aufbereitete Fakten, Beschreibungen usw., wodurch vieles von meinem Werdegang eine polarisierende Wirkung erhält. Sehr wenig ist jedoch über mich und meine inneren Werte, mein Fühlen, meine Erfahrungen und auch über die Wirkung meiner traumatischen Erfahrungen bekannt, die ich in so vielen Landstrichen der armen Bevölkerung gemacht habe.

Durch die sehr frühen Erlebnisse und Prägungen gerade in dieser Hinsicht fühle ich mich sehr wohl geeignet, auf deine Frage zu antworten. Natürlich spreche ich „nur" als jemand aus der Ahnenwelt, der Geistwelt. Es werden keine Weisheiten in Qualität der göttlichen Quelle oder der Engel und Meister folgen. Aber braucht es das in dem Fall?

Ich habe irdisch gelebt und sehr intensive Auseinandersetzungen mit Macht, Regierungen und Ungerechtigkeiten erfahren. Welche bessere Qualifikation kann es geben für die Stellungnahme zu einer solchen Frage? Mein irdisches Wirken wird unterschiedlich beurteilt, sowohl politisch, ethisch als auch moralisch. Aber hier tut es gerade nichts zur Sache, denn es zählen mein reiner Geist und die Antworten aus meinem innersten Herzen, losgelöst von aller Biografie. Ich spreche als Seele zu dir, die Erfahrungen gemacht hat und nur zu gerne verbessernde Anregungen geben möchte, um unfaire Situationen, Krisen und falsche gesellschaftliche Strömungen zu ändern. Und das nun ganz ohne Radikalismus und gewaltvolle Untermalung. Wie gesagt: Meine Lebzeiten stehen losgelöst davon.

Ich möchte gerne direkt zum innersten Kern der Problematik kommen.

Es sind nicht wirklich Gier, Geltungssucht oder Größenwahn, die ursächlich sind für Armut, Unterdrückung, kalten Materialismus, Korruption und Opportunismus. Alle diese Faktoren prägen natürlich die Situationen, schüren schlimme, kritische, ja, gar gewaltvolle Zustände in Ländern und Gesellschaften. Aber sie sind nur dunkle Auswüchse und Triebe einer noch tieferliegenden Wurzel, die da heißt: ANGST.

ANGST vor Mangel, Verlust, Bedeutungslosigkeit, Unfähigkeit, innerer Starre und Leere, Ungeliebtheit, Einsamkeit. Und wenn man es genau betrachtet, kann man es in den Handlungen und auch in den Menschen, die dabei das Ruder führen, sehen und erkennen. Gier nach immer mehr Geld oder Macht ist doch nicht wirklich Gier. Sie ist nur das Werkzeug, das positive oder negative Handlungen dazu vorantreibt. Die treibende Ursache ist die Angst. Die Menschen, die darin verwickelt sind, haben viele Defizite an Liebe, Selbstliebe, Selbstachtung und innerer Mitte. Ihre inneren Kräfte und Stärken sind nicht in Balance oder zu wenig vorhanden. Sie können nicht aus sich heraus stark sein. Macht und Stärke werden deshalb im Außen errichtet. Über äußere materielle Fassaden, Statussymbole, Karriere oder auch Militär und Diktatur. Dafür ist Geld notwendig, weil es (noch) der Hauptantrieb in gesellschaftlichen Prozessen ist und Hauptbasis für funktionierende Gemeinschaften und materielle Abläufe. Da eine äußere Fassade jedoch nicht aus sich heraus dauert und immer neu genährt werden muss, braucht es immer mehr Geld, Einfluss und Macht, vor allem dann, wenn die Angst der Menschen wächst, sie könnten ihre Fassade als Anker verlieren. Durch diese äußeren Werte füllen sie sich innerlich auf, um die Angst wegzudrängen. Das kann sehr lange gut funktionieren, allerdings wird es die Angst nie zum Schweigen bringen, niemals die nährende Kraft von wahrer Liebe ersetzen.

Natürlich kannst du jetzt sagen: Aber die meisten Menschen, die so vorgehen, nutzen positive Wege und Quellen, um an Geld, Macht und Einfluss zu gelangen, ohne dass andere darunter leiden. Viele bewirken durch ihr Tun sogar Vorteile für andere. Das stimmt natürlich. Und in all diesen Fällen leiden nur diejenigen selbst und vergrößern ihre inneren Defizite in dem Maß, in dem ihre äußeren Werte wachsen. Und ja, du kannst auch sagen: Geld ist nicht wirklich schlecht. Es sichert den Lebensstandard, ermöglicht viele Hilfen und schafft auch Zivilisation und Frieden. Auch das ist absolut korrekt. Aber es gibt eben auch die andere Seite. Den negativen Gebrauch von Geld, das Ausnutzen von Korruption und im schlimmsten Fall Unterdrückung und Gewalt, und sogar das bewusste Vorantreiben von Krieg, Armut, Hunger und Sterben.

Hier werden die gleichen Ressourcen verwendet (Macht, Einfluss, Geld), jedoch bedienen die Menschen sie in negativer Art und Weise. Die Ursache ist bei ihnen jedoch die gleiche: Angst – wie bereits beschrieben. Durch weitere Einflüsse, negative Prägungen oder auch Traumen, durch kranke und schwer verletzte Emotionen dieser Menschen, agieren sie auf negativen, zerstörerischen und wenig erstrebenswerten Pfaden. Auch ich kenne solche Wege.

Wenn wir den Ansatz dieser zentralen Ursache verfolgen, kann es für ehrliche Politik, friedvolle Zustände und das Ende negativen Geldmissbrauchs nur einen sinnvollen Weg geben: LIEBE.

Ja sicher, das klingt merkwürdig für einen Rebellen wie mich, der den Kampf nicht scheute. Aber bedenkt, ich spreche nicht mehr als der Che Guevara, der ich einst war. Das ist nur noch der Name, unter dem ihr mich erkennen könnt. Ich spreche als Seele, die gelernt hat, in dieser Problematik das Wesentliche zu erkennen. Und die zentrale Lösung heißt Liebe.

Und die Umsetzung besteht nicht darin, Liebe und ihre Erkenntnisse missionarisch über die Welt zu verbreiten.

Die Umsetzung und der einzig sinnvolle Startpunkt liegen in jedem Menschen, in jeder Seele.

Darum kann ich nur raten: Schaut zunächst euch selbst an. Wie sehr liebst du dich, wie sehr nährst du dich aus deiner Selbstliebe und Kraft heraus? Je mehr davon vorhanden ist, desto besser, denn so brauchst du wenig aus dem Außen. Und das, was dich aus dem Außen erreicht, kannst du als zusätzliches Geschenk genießen. Es dient nicht der Existenz deiner Seele, deiner Glückseligkeit, denn dafür sorgst du selbst. Ist also wenig oder zu wenig Selbstliebe in dir, fang an, die Ursachen zu klären, kläre dich. Suche, finde und lerne Wege, die dich in deine eigene Liebe führen. Das wird selten einfach sein. Solch ein Weg kann sogar lang sein und viel Selbstentwicklung erfordern. Dennoch liegt darin der Schlüssel für unser aller Wahrheit, Fairness und Glückseligkeit.

Wenn wir innerlich richtig und gut genährt sind, ist es kaum notwendig, dass wir mit aller Macht etwas von anderen benötigen. Wir brauchen dann nicht ständig zu fragen, was andere Menschen uns geben können beziehungsweise was die Welt uns geben kann, sondern können innerlich friedlich sein und haben die erweiterte Perspektive zu fragen: Was kann ich anderen geben?

Je mehr wir vom Nehmen zum Geben gelangen, desto geringer werden Umstände, die negative Auswüchse, Macht- und Geldmissbrauch begünstigen. Je mehr jeder von uns in seiner eigenen Mitte ruht, je offener unser Herz ist und je mehr Liebe es gibt, die dadurch fließt, desto seltener werden Menschen auf unrechte Pfade gelangen und rücksichtslos und ungerecht handeln. Je mehr Liebe, desto weniger Angst. Wenn die eigene Angst gebannt ist, kann ein Leben voller Frieden, Freigiebigkeit und Mitmenschlichkeit entstehen. Solche Menschen wollen keine Ausbreitung von Gewalt, Hunger, Korruption und Bestechlichkeit, keine extremen sozialen und materiellen Ungerechtigkeiten. Sie wünschen sich Wahrheit, Freiheit, Fairness und seelische Unbedenklichkeit. Sie möchten in der Liebe bleiben.

Nun kann man fragen: Wie soll das geschehen? Schon als kleines Kind müsste man mit der Prüfung und Entwicklung der Selbstliebe beginnen, doch die Weisheit und die Fähigkeit fehlen noch. Derzeit ist es so. Momentan könnt ihr nur oder erst als erwachsene Seelen damit beginnen. Aber denkt weiter. Wenn immer mehr Menschen damit beginnen und ein solches Leben wählen: Wie werden sie zu ihren Kindern sein, wenn sie dabei erfolgreich waren? Doch nur liebevoll. Sie werden Liebe, Achtsamkeit und Aufmerksamkeit für dieses wichtige Prinzip lehren und weitergeben. Und so setzt es sich fort, und immer früher können Menschen damit beginnen, so zu leben. Letztendlich wird es für alle Kinder viel weniger emotionale Mangelsituationen geben, sodass eigene Kraft und Selbstliebe irgendwann von Anfang an für jedes Leben bestehen. Jeder ist somit selbst ausschlaggebende und treibende Kraft.

Nun könnt ihr noch sagen: Wie soll das aber nun ganze Gesellschaftssysteme beeinflussen und ungerechte Regierungen abschaffen? Es gibt so hartnäckige Machtstrukturen, was können wir als einfache Bürger dagegen ausrichten? Eine Menge. Besonders, wenn ihr das oben beschriebene Lebensprinzip für euch selbst verfolgt. Ihr werdet darüber Einfluss nehmen können, auch auf sehr festgefahrene Strukturen. Einfach weil immer mehr Menschen etwas Gerechtes und Faires *wollen*. Und weil die Liebe sich aus sich selbst heraus potenziert und Kräfte entwickelt. Je weniger Menschen mit Angst und innerem Mangel es gibt, desto weniger werden sich Ungleichgewichte in Gesellschaften und Regierungen manifestieren. Es gibt irgendwann keine Erfordernisse der einzelnen Menschen mehr dafür. Ja, es wird Zeit brauchen, aber unmöglich ist es nicht. Schaut doch, wie viele Regime bereits jetzt am neuen Bewusstsein ihrer Bürger zerschellt sind. Gewaltvolle Entwicklungen hatten daran noch teil, aber das ist Teil des anfänglichen Prozesses und noch denen geschuldet, die aus Unzufriedenheit statt aus seelisch geklärtem Herzen handelten. Aber auch hier wird es Weiterentwicklungen geben. Vom Kern zeigt sich aber doch: Veränderungen sind möglich. Dass sie friedlich sein sollten, ist wünschenswert. Es liegt aber auch hier wieder in eurer Macht und im Herzen des Einzelnen begründet.

Deshalb: Schaut weg vom Außen. Kehrt euch nach innen und entwickelt und stärkt eure inneren Reichtümer, eure eigene Liebe. Lasst materielle Anbetung außen vor.

Erkennt sie als Vergnügen, ja, genießt sie und besitzt, was ihr mögt. Aber erkennt sie als unnötig und unbrauchbar, um eure Seele zu nähren und zu füllen. Dafür taugen sie nicht. Ebenso wenig die Bewunderung anderer für diese Besitztümer.

Glaubt an euch, an euer Herz und an die Kraft der Liebe. Empfindet wieder mehr die Gemeinschaft untereinander und die Hilfe, die ihr euch geben könnt. Seht, wie sehr ihr mit allem und jedem verknüpft seid, und schon werden viele schädliche Handlungen und Situationen ihren Sinn und hoffentlich bald auch ihr Dasein verlieren. Geht bewusst diesen Weg, wenn ihr wollt, dass Gerechtigkeit, Freiheit und Zufriedenheit die Welt mehr und mehr bestimmen.

So ist mein Rat.

CHE GUEVARA

Erzengel Chamuel: Das Wesen der Liebe und wie sie unser Leben tragen kann

Geliebtes Kind,
die Liebe ist die reinste Form. Sie ist der Herzschlag des Universums. Sie ist immer da, vergeht niemals, sie ist die Ewigkeit.

Die Liebe ist eine Quelle göttlicher Nahrung, göttlicher Führung, geboren aus Gott selbst. Da wir alle göttlich sind und von Gott stammen, sind auch wir die reinste Form von Liebe. Auch wir sind Teil ihres Strahls und ihrer Energien. Darum fürchte nicht die Liebe oder ihren Abbruch. Die Kraft ist ewig und unermüdlich. Sie bündelt sich Tag für Tag in unserem Herzen. Glaube an die Liebe, und sie wird dich in die Wahrheit und die Klarheit des Lebens führen.

Die Liebe pulsiert, wärmt und zerschmilzt alle Widerstände, Zweifel, Anklagen oder Ängste. Sie ist Teil des Großen Ganzen und gleichzeitig das Netz, das das Große Ganze, das göttliche All, umspannt. Die Liebe ist Nahrung für die Basis des Lebens und Zuckerguss zugleich. Elementar sowie auch herrlich leuchtende Zierde. Freude und sehnsüchtiger Schmerz zugleich. In der Liebe treffen sich alle Gegensätze und lösen sich auf in einheitliche Erkenntnis.

Die Liebe wiegt alles auf. Sie macht jedes Opfer erträglich, ja, sogar erst möglich. Die Liebe erlöst dich aus schweren, materiellen Energien. Sie ist dein Flügelpaar auf dem Weg ins Licht und in Leichtigkeit. Die Liebe ist Werkzeug und vollkommene Erfüllung. Sie trägt dich und deine wahren Ziele und ist der Sieg über die Dunkelheit und das Nichtwissen.

Wenn du mit den Augen der Liebe auf die Welt und alle Seelen schaust, erkennst du, dass es nichts Falsches, nichts wirklich Böses, Dummes, Unnützes oder gar Sinnloses gibt. Da die Liebe aus Gott und von Gott stammt, ist sie Teil jeder Schöpfungsfacette, und somit birgt jede weltliche Form des Lebens einen göttlichen Funken in sich.

Nichts stößt dich um, wenn du der Liebe glaubst und ihr vertraust. Nichts stört deine Bahn und deinen Kurs des Lebens, wenn du der Liebe folgst.

Wie du die wahre Liebe in dir und in anderen erkennst? Sie ist unantastbar, ein sicherer Rahmen, ein warmer Mantel. Ihr Händedruck verleiht dir Geborgenheit und öffnet dein Herz in die wahre Erkenntnis. Du fühlst und weißt es einfach, weil es kein schöneres Gefühl als dieses gibt. Das Band der Liebe ankert dich so sehr, und du spürst seine Kraft. So gibt es keine Fragen mehr – nur noch Antworten. Niemals wird es dir gelingen, die wahre Liebe nicht zu erkennen. Sie berührt dich tief in deinem Herzen, sodass deine Seele sie sofort erkennt. Umarme die Liebe, öffne dich, und sie kommt zu dir.

Doch es gibt noch so viele Facetten der Liebe und dennoch nur eine einzige Form in der Essenz.

Die Liebe ist die Liebe. Darum sende ich euch Liebe zu.

Danke, Erdenkind, für deine Frage.

CHAMUEL

Informationen zu und Botschaften von den *Aufgestiegenen Meistern*

Zunächst: Aufgestiegene Meister sind uns in irdischen Inkarnationen vorausgegangen, das heißt, sie haben als Menschen gelebt und mehrere Leben durchlaufen. In diesen Leben haben sie sich bis in die höchste Form spirituell entwickelt und Erleuchtung erreicht und erfahren. Dadurch haben sie beim Übergang in die Geistige Welt eine aufgestiegene Ebene erreicht, eine Dimension, in der es keine Beschränkungen, keine Zeit, keine Daseinsformen, keinen Körper und keine Dualitäten (mehr) gibt. Jede Seele hat hier den Zustand größter Ausdehnung erreicht, seine menschlichen Charaktere und Begrenzungen überwunden und sich von der materiellen Welt gelöst. Diese Seelen existieren als reines göttliches Bewusstsein, als Liebe und Licht und im kollektiven Bewusstsein, da sie mit allen Schöpfungsaspekten verbunden sind.

Aufgestiegene Meister brauchen nicht mehr auf die Erde zurückkehren, um weiterwachsen zu können. Sie sind angekommen in der größtmöglichen Erfahrung und im umfangreichsten Wissen. Von ihrer Ebene aus übernehmen sie Aufgaben für die menschlichen Seelen, begleiten und unterstützen alle Erfahrungen, spirituellen Entwicklungen und den Weg in das neue, goldene Zeitalter. Jeder Meister gemäß seinen Fähigkeiten, emotionalen Qualitäten, seinem Wirken und den eigenen „Fachgebieten".

Die nachfolgenden Erläuterungen sollen die im Buch erscheinenden Aufgestiegenen Meister kurz vorstellen und beschreiben. Dafür erhielt ich die Eingabe, dass jeder Meister gerne eigene Worte für seine Aufgabe innerhalb der Meistergruppe zufügen möchte. Somit erscheint zu jedem Namen die Kurzbeschreibung sowie die jeweilige Botschaft. Die genannten Inkarnationen sind Beispiele und erheben nicht den Anspruch auf Vollständigkeit. (Teile der Beschreibungen basieren auf einem Kursskript von Tanja Matthöfer, mit freundlicher Genehmigung.)

KONFUZIUS

- Seine Themen:
  Selbstentwicklung / Menschlichkeit / Erkennen des göttlichen Plans.
  551 v. Chr. in China geboren. Er entstammte einem verarmten Adelshaus, absolvierte eine Lehrreise durch zehn chinesische Staaten, schrieb Lehrreden und kommentierte das Buch der Wandlung (I GING).
- Farbe: Goldgelb

„Ich werde das Sein, und ich bin das Werden. Keine Erfahrung ist mir fremd, jedes Wissen aus dem göttlichen Plan steht mir nahe. Ich trage dich zu deinem Horizont, ich helfe dir, deinen Plan zu erblicken. Ich öffne dir Türen zu all deinem Wissen, zu Dasein und Raum."

LADY PORTIA

- Ihre Themen:
  Einweihung / Wächterin der Pforte von Anfang und Ende, Leben und Tod, Zerstörung und Neuanfang und der Pforte aller Übergänge.
  Sie verkörpert die drei Erscheinungsformen der großen Göttin (Jungfrau, Mutter, weise Alte). Sie steht als Wächterin am Tor des Neuen Zeitalters.
- Inkarnationen:
  Lemurianische Priesterin, Priesterin der Meeresgöttin in Island, Morgan Le Faye.
- Farbe: Dunkelblau, Silberviolett

„Wir sind auf dem Weg zum großen Tor. Das neue Tor für alle Seelen und alles Bewusstsein. Habt keine Angst, wenn ihr das helle Licht daraus erblickt, sobald das Tor sich öffnet. Ihr seid würdig, denn aus diesem Licht seid ihr gekommen, und zu diesem Licht kehrt ihr nach Hause zurück. Ich geleite euch durch eure Straßen."

HILARION

- Seine Themen:
  Wahrheit / Heilung / Wissenschaft.
  Er beinhaltet die „Weisheit des flammenden Herzens", die Erkenntnisse des Verstandes auch für das Gefühl

zugänglich und anwendbar macht. Wissen wird zur ganzheitlichen Erfahrung durch seine Energien.
- Inkarnationen:
Apostel Paulus, Hl Benedikt, Hl Christopherus, Hl Hilarion, Hippokrates.
- Farbe: Grün

„Freut euch. Auf neue Neugier, mehr Wissen, mehr Erkenntnisse. Nicht nur für den Verstand wie bisher, sondern für euer Herz. So viel Weisheit liegt darin. Mehr als eure Seele ahnt oder benennen kann. Ich hebe mit euch den Schatz der Weisheiten, der Kräfte des Universums und der kosmischen Liebe der Schöpfungsquelle."

WOTTANA

- Seine Themen:
Heiler der Erde / Hüter des indianischen Geistes / Schützer von Mutter Erde
Die Indianer sind Hüter unseres Planeten, ihre Rituale verbinden die Menschen mit Mutter Erde und Vater Sonne und die Menschen untereinander. Wottana ist ein Aufgestiegener Meister und indianischer Medizinmann und spricht zu allen, die den indianischen Geist in sich spüren und sich mit Erde und Natur verbinden möchten.
- Farbe: Gelb

„*Vieles wird sich auftun in der Natur, und Mutter Erde wird eindringlich zu euch sprechen. Mit mir gemeinsam könnt ihr innehalten und diesen Worten und Energien lauschen. Alles, was in der Natur lebt, hat einen Wesenskern und spricht zu euch. Schenkt diesen Worten euer Ohr, eure Aufmerksamkeit. Bittet mich, und der Geist der Schöpfung wird auch euch spürbar durchströmen und erfüllen.*"

SANAT KUMARA

- Seine Themen:
  Verbindung zwischen Himmel und Erde / Zugang zu höherem Bewusstsein und noch nicht gelebten Fähigkeiten.
  Er ist bisher das höchste Wesen innerhalb des Planetensystems und wird der Weißen Bruderschaft zugeordnet. Er ist Herr der Venus und Regent der Erde und hat die Weiße Bruderschaft ins Leben gerufen. Seine Schüler haben Zugang zu allen Strahlen.
- Farben: Magenta und Blau

„*Ich schütze euch als Regent der Erde und unterstütze euch als Herr der Venus mit allen verfügbaren kosmischen Strahlen. Ich erweitere eure Kräfte, eure Wahrnehmung und Erfahrungstiefe. Nichts wird undurchdrungen bleiben, alles wird strahlen und fließen.*

Seelen werden singen, Herzen fliegen, Liebe erstrahlen. Innerhalb des Planetensystems werde ich bald damit beginnen, meine Aufgaben zu teilen. Mein „Amt" als höchstes Wesen wird einer größeren Gruppe aus Meistern und Sternenhütern übergeben werden.

LADY ROWENA

- Ihre Themen:
Freiheit / Toleranz / Barmherzigkeit / göttliche Liebe
Sie erfuhr allen Schmerz und alle Ungerechtigkeit der Welt. Sie blieb jedoch sich und den göttlichen Kräften treu, trotz der Leiden, die sie auf sich nahm. Sie hat die Kräfte der Freiheit in sich ins Gleichgewicht gebracht und entwickelt. Alle Erfahrungen von Armut und Reichtum, Macht und Ohnmacht, Freiheit und Unfreiheit hat sie gemacht und überwunden. Sie zeigt den Weg in innere Reinheit und Befreiung.
- Inkarnationen:
Priesterin in Atlantis, Johanna von Orleans, Marie Antoinette, Maria Stuart, Hl Bernadette von Lourdes.
- Farbe: Rot/Grün, Rosa/Braun

„Erfahrungen reichen in euer Leben hinein. Aber keine gelangt in den reinen Kern einer Seele. Wir bleiben göttlich und unversehrt, was immer wir tun, nicht tun, fühlen, leiden, erfahren, überwinden. Unsere innere

Schönheit ist immer gleich im ewigen Dasein Gottes. In seinem Antlitz sind wir die verschiedensten Formen, Leben, Handlungen. Ohne Urteil, ohne Strafe, ohne Läuterungen. Wir bleiben in der Liebe, egal, welches Konstrukt des Lebens wir wählen. Alle Möglichkeiten sind immer da und haben den gleichen Wert. Die Liebe Gottes ist für alle gleich vorhanden. Wir sind viele Seelen und doch nur eine. Wir sind viele Erfahrungen und doch nur ein ganzes Dasein. Wir gehen voran und erstreben das Licht. Ich gebe euch den Raum und die Freiheit für diesen Weg."

KWAN YIN

- Ihre Themen:
Barmherzigkeit / Mitgefühl / Sanftheit / Bedingungslose Liebe
Sie ist eine Meisterin aus dem Osten. Obwohl schon fast ganz in die himmlischen Reiche aufgestiegen, kehrte sie freiwillig als Wandlerin auf der Erde und als Bodhidsattva zurück, um den Menschen Hoffnung und Trost zu bringen.
- Inkarnationen:
Tochter eines Kaisers in China, Priesterin der Isis, Tochter königlicher Familie in Atlantis.
- Symbol: Lotusblüte
- Farbe: Helles Orange

„So, wie ich das Starre und Feste löse, löse ich auch das Materielle beziehungsweise die Hartnäckigkeit des Besitzstrebens. Ein Miteinander und Hilfe für den Nächsten dürfen wieder Einzug halten, nicht nur in die Herzen, sondern auch hinein in die Welt und die Handlungen der Menschen. Fühlt, wie viel Reichtum Nähe und Wärme bringen. Wie reichhaltig Aufrichtigkeit und Liebe wirken, und wie stark sie sich potenzieren können. Fühlt und badet in eurem Herzen."

MUTTER MARIA / LADY MARIA

- Ihre Themen:
Segen / Erneuerung / Geborgenheit / Senden der reinen göttlichen Flamme
Sie ist die Meisterin des Herzens, des Himmels und der Erde und arbeitet mit den Engeln und dem göttlichen Plan. Sie ist die Unschuld, das Empfangen und das reine Sehen. Sie ermöglicht die Rückverbindung in die reinen, göttlichen Lichtreiche und in die Freiheit von jeglicher Dualität.
- Inkarnationen:
Lebte in Lemurien, in Atlantis im Tempel der Gnade, sie war Maria, Mutter von Jesus.
- Farbe:
Weiß/Perlmutt, sie trägt das ganze Farbspektrum des Lichts in sich.

„Was ihr für euren weiteren Weg benötigt, sind Kräfte aus der inneren Reinheit, des Segens und der ursprünglichen Wahrheit. Ich bin euer Brunnen für diese Kräfte, Energiestrahlen. Ich stille euren Durst nach wahren, klaren und neuen Wegen. Ich segne euch und euer neues Sehen mit meiner Gnade."

☆☆☆

LANTO

- Seine Themen:
  Meister der Weisheit und Philosophie
  Er lehrt uns den Weg der Erleuchtung und die Meisterschaft über das Kronenchakra. Er ist Alchemist und Meister des Lichts. Sein Schwerpunktwissen sind das höhere Wissen und die mystische Wissenschaft.
- Inkarnationen:
  Hohepriester in Lemurien, mehrere Leben in Atlantis, tibetischer Mönch, Herrscher in China.
- Farbe: Rot bis Weinrot

„Handlungen gilt es, mit Wissen zu stützen und zu sichern. Ohne gute Pläne keine Taten und keine hervorragenden Ergebnisse. Verliert nicht die Bewusstheit darüber, dass Gedanken machtvoller sind als alle Handlungen an sich. So werde ich die Menschen in die Tiefe der Weisheit und in die Kraft des Geistes führen."

SERAPIS BEY

- Seine Themen:
  Reinheit / Aufstieg / Lebenskraft und Lebenswillen finden
  Er ist ein inkarnierter Engel. Dadurch ist es ihm gegeben, eine Brücke zwischen dem Reich der Engel und der Meister zu schlagen und einen Austausch zu ermöglichen. Er arbeitet eng mit den Menschen in der Zeit des Aufstiegs zusammen.
- Inkarnationen:
  Hohepriester in Atlantis, König Leonidas, Erbauer der Tempel von Theben und Karnak, Imhotep (Baumeister und Erfinder in Ägypten).
- Farbe: Strahlendes Weiß, ätherisch hell

„Frische gebe ich euch. Immer wieder Frische, um anzufangen, loszugehen, Horizonte anzusteuern. Baut eure inneren Tempel aus, reinigt sie und folgt ihren Energien. Lasst eure Tempel im Außen Wege suchen und finden, Brücken bauen und Bauwerke des Aufstiegs errichten. Das Göttliche wird durch alle Seelen erbaut werden, für eine neue goldene Welt."

LADY NADA

- Ihre Themen:
  Bedingungslose Liebe / Dankbarkeit / Demut / Hingabe
  Ihr Auftrag ist es, die Herzen der Menschen für eine höhere Liebe zu öffnen und diese in der Welt Ausdruck finden zu lassen. Lady Nada ist die Meisterin der hingebenden Liebe und die Entfaltung des Friedens.
- Inkarnationen:
  Priesterin in Atlantis, Maria Magdalena, Klara von Assisi, Hildegard von Bingen.
- Farbe: Rosa

„Seid beschwingt! Lasst euch berauschen von der wohltuenden Wirkung der Liebe. In jeder Form. Selbstliebe, Nächstenliebe, Liebe zur Natur und zur Schöpfung, Elternliebe, Geschwisterliebe, Liebe zu den Menschen, Kindern, Tieren, zu allem. Liebe zwischen Mann und Frau. Seid zum einen einfach im Rausch der Sinne, doch auch in der Kraft der Dankbarkeit, dass solches Gefühl existiert, solche Fähigkeiten da sind. Liebt einfach. Einfach so, ohne Worte, Bedingungen, Erwartungen. Das ist das höchste Gut der Seele."

SAINT GERMAIN

- Seine Themen:
Umwandlung / Transformation / Freiheit / neues Bewusstsein
Saint Germain ist der Führer des Wassermannzeitalters. Um 1700 erschien er als Graf Saint Germain und faszinierte ganz Europa durch seinen Reichtum, seine vielen Begabungen und außergewöhnlichen geistigen Fähigkeiten. Ferner behielt er immer ein jugendliches Aussehen. Er wirkt nun aus höheren Reichen mit dem siebten Strahl der spirituellen Freiheit.
- Inkarnationen:
Christoph Kolumbus, Josef (Vater von Jesus), Christian Rosenkreutz, Francis Bacon, Graf von Saint Germain
- Farbe: Purpur-Violett

„Mein Energiestrahl wandelt die Erde, die Atmosphäre, die Erdenaura und auch die Strahlkraft der menschlichen Seelen. Spürt neue Räume und Möglichkeiten um euch. Es wird sowohl neue Fragen, als auch neue Antworten geben. Horizonte, gleich, welcher Art, werden überflüssig werden. Horizonte definiert jeder selbst. Jede Seele hat ihren Raum, ihre Weite, ihre Freiheit. Dies ist ein wichtiger Antrieb auf dem Weg zum geplanten Ziel."

KUTHUMI

- Seine Themen:
  Frieden / Botschafter des Lichts / neues Bewusstsein
  Kuthumis Wunsch und Auftrag war es, der westlichen Welt die innere Botschaft des Buddhismus zugänglich zu machen. Deshalb lebte er in seiner letzten Inkarnation in Kashmir und kam dann nach Europa. Da sein Versuch dort scheiterte, zog er sich in ein tibetisches Kloster zurück und unterrichtete seine europäischen Schüler durch Lehrbriefe.
- Inkarnationen:
  Thutmoses III, Prophet des Sonnengottes Ra, Pythagoras, Franz von Assisi.
  Seit seinem Aufstieg ist er zusammen mit Jesus ein Weltenlehrer und dient als Vermittler von Wissen und Weisheit, aber auch von Fülle und Leichtigkeit des Seins.
- Farbe: Gold

„Ich bin der goldene Strahl. Ich bin euer Weg und euer Ziel in die Weisheit und in den tiefen Frieden, vor allem zum Frieden in euch selbst. Nichts wird unerforscht bleiben, aber auch nichts unumstößlich. Konstruktionen werden einstürzen, alte Mechanismen vergehen. Doch dafür wird Neues erwachen und die Welt erhellen und verbessern. Pflegt die Offenheit des Geistes, die Toleranz der Möglichkeiten, das Vorankommen durch Fragen und Hinterfragen. Lasst Kritik als einen

Treibstoff zu auf dem Weg nach vorne. Gebt der Liebe Raum und Gelegenheiten, damit sich die Welt golden färbt."

☆☆☆

WHITE EAGLE

- Seine Themen:
Schöpfermacht / Weite / Kraft / Meisterschlüssel
Er zeigte sich erstmals Grace Cooke in London in der Kleidung der amerikanischen Ureinwohner. Meistens erscheint er jedoch als majestätischer weißer Vogel mit menschlichen Zügen in den Augen. Er hat keine menschlichen Inkarnationen, nur geistige Daseinsformen der Natur und der Urvölker.
- Farbe: Weißgold

„Schöpfer seid ihr allesamt. Alles, was dazu nötig ist, ist die Annahme eurer Schöpfermacht und die positive Entwicklung eurer eigenen Kräfte. Ich helfe euch gerne und trage euch auf meinen Schwingen zu den Tempeln eurer Fähigkeiten und Kräfte. Vertraut auf die Führung des Herzens und die Weisheit eurer Seele. Ihr könnt alles tun, selbst Dinge, die euch magisch erscheinen. Ihr könnt alles in die größte Perfektion und in den größten Segen für die Seelengemeinschaft emporheben. Begreift, dass ihr handeln und erschaffen könnt."

DJWAHL KHUL

- Seine Themen:
  Frieden / Weisheit / Heilung
  Er ist ein Meister aus Tibet, der sich mit der Heilkunst beschäftigt.
  Er beherrscht die Wissenschaft der heilenden Gesetze des Kosmos und sendet allen das Wissen der zeitlosen Wahrheit, die darum bitten, und arbeitet auch mit Gruppen der Pflanzendevas zusammen.
- Inkarnationen:
  Kaspar (Heilige Drei Könige), tibetischer Mönch.
- Farbe: Smaragdgrün

„Was kann falsch daran sein, alle Wege und Möglichkeiten der Heilung zu probieren und vor allem zuzulassen? Ich ebne die Wege dafür und mache ein Umdenken möglich. Ein Umdenken und die Wandlung von einer Abkehr oder Ablehnung von Möglichkeiten, hin zum Erkennen der Vorteile aus der Fülle aller Möglichkeiten. Gebt zu, darin liegt doch wohl ein wesentlich besserer Weg für alle, oder?"

JESUS CHRISTUS SANANDA

- Seine Themen:
  Übermittlung / Führung / Erlösung / Wiederkehr des ewigen Lichts
- Inkarnation: Jesus Christus
  Sananda drückt eine weiter entwickelte Schwingung von Jesus aus. Als Jesus vor 2000 Jahren aufstieg, entwickelte er sich in den hohen Ebenen weiter, fern von irdischen Belastungen. Diese neue Schwingung trägt den Namen Sananda und wird seit Mitte der Achtzigerjahre empfangen und gechannelt. Dennoch existiert Sananda weiterhin auch als Energie des uns bekannten Jesus Christus und kann als solcher weiterhin angesprochen werden.
- Farbe: Reines göttliches Licht

„Bittet, und so werden euch Wege zuteil. Bittet, und es öffnen sich Türen und Kräfte. Zögert nicht, um Heilung, Trost, Ich-Werdung und auch um den Aufstieg zu bitten. Ich sende euch das Licht dafür. Ich berühre euer Herz und euren Glauben. Ich bin der tiefe Kern eurer Liebe. Ich bin Licht."

EL MORYA

- Seine Themen:
Göttlicher Wille / Schutz / Stärke / Macht
El Morya war ein Prinz in Indien und Eingeweihter des höchsten Grads der Weißen Bruderschaft. Er stieg 1898 auf und wurde eins mit dem Göttlichen. Er fördert die menschliche Evolution in Verbindung mit vielen magischen und spirituellen Organisationen.
- Inkarnationen:
König Artus, König Melchior (Heilige Drei Könige), König Rajput, Thomas Moore, Jacques de Molay, Akbar.
- Farbe: Königsblau mit weißer Strahlung

„Ich küsse dich, mein Kind. So sind wir fast am Ziel. Eifrig warst du beim Empfang unserer Botschaften, voll des Lernens, Staunens und helfend bei aller Umsetzung. Hab Dank.
Trotz all unserer Worte sind noch weite Strecken für die Welt zu gehen. Für die einen Seelen sind es lange, für andere kürzere Wege. Aber: Jeder kommt an und kehrt nach Hause, zurück ins Licht. Und einst wird dieses Licht auf der Erde, der physischen irdischen Welt, mit allen Seelen leben. Freut euch, dass das Tor der Umsetzung bald erscheinen wird.

Gott zum Gruße, geliebte Kinder!"

Quellenangaben

- Tanja Matthöfer:
  Handbuch zur Channeling-Ausbildung 2011;
  alle Rechte vorbehalten.
  www.channel-balance.de

- Online-Lexikon Wikipedia,
  www.wikipedia.de
  (keine wörtlichen Zitatübernahmen)

Danksagung

Ich sage innigen Dank an meine Familie und Freunde, die mein spirituelles Schaffen stets vorbehaltlos angenommen und unterstützt haben. Dadurch hatte ich Raum für einen sorglosen persönlichen Weg.

Danke sage ich allen meinen spirituellen Lehrern und Weggefährten. Sowohl den irdischen, als auch allen aus der Geistigen Welt. Ein spezieller Dank an Geoffrey, der mir die Türen zur medialen Welt stets mit guter Erdung öffnete, und an Tanja, die mir mit viel Leichtigkeit und Freude den Zugang zum Channeln, Heilen und noch viel mehr vermittelte. Ich kann jetzt meine ganz individuelle Rolle innerhalb der großen Schöpfung finden.

Natürlich dürfen meine „Reiki-Familie" und all die Menschen, die Kurse und „spirituelle Zeit" mit mir teilten, hier nicht fehlen. Durch und mit euch habe ich viel gelernt und hatte vor allem jede Menge Spaß dabei. Ich schätze all euer Wissen, das ihr mit mir teilt.

Danke an Claudia für die Ermunterungen und die ersten und zügigen Korrekturen und Rückmeldungen.

Mehr als danken möchte ich auch meiner „zweiten" Claudia: Ohne deine langjährige Begleitung und tiefe Freundschaft wäre ich sicher nicht dort, wo ich heute bin. Gleiches Kompliment an Andrea. Du hast mir gezeigt, dass man auch in schwierigsten Situationen dennoch weiter die Freude im Leben entdecken kann. Und abschließend: Lieber Tom, danke für deinen nie versiegenden Zuspruch und Halt, der mich sicher durch die oft „viel zu irdische" Welt leitet.

Durch das wundervolle Team vom Smaragd Verlag ist dieses Buch überraschend schnell angenommen und hinaus in die Welt gebracht worden. Danke für dieses Vertrauen in mich als neue Verfasserin. Ich wurde so herzlich aufgenommen und fair und achtsam begleitet bei dieser Arbeit. Etwas Besseres kann man sich kaum wünschen.

Danke an alle Leserinnen und Leser dieses Buches und die Zeit, die ihr euch für diese Botschaften genommen habt. Ich wünsche euch viel Freude damit und neue, eigene Impulse.

Abschließend noch tiefen Dank an „meine" Aufgestiegenen Meister, die mich eingebunden haben in ihren Weg und ihre Absichten. Ihr seid toll, und ich hatte viel Freude mit euch. Gott und das Licht mögen euch ewig segnen.

Malenia Kay

Daivika
Die Sprache der Götter
Meilensteine in die Ewigkeit
104 Seiten, broschiert
ISBN 978-3-95531-005-9

MUTTER MARIA, BUDDHA, KRYSTOS und HERA führen sanft an die ersten Meilensteine heran, füllen die Schatzkammer eines jeden Herzens und verbinden es mit der Schöpferkraft der Seele. Jeder neue Meilenstein gibt die Möglichkeit, tiefer in die Heiligkeit des Lebens einzutauchen. LADY VENUS, SANAT KUMARA, SANANDA, BLUE-STAR, SHANDRA, AMRITA, WHITE EAGLE und GÖTTIN HINA bereiten langsam auf den letzten Meilenstein vor, am dem die Göttinnen der Vierheit ISIS, NEPHTHYS, SELKET, NEITH zu einer Reise einladen, während dieser sich 147 Türen leise hinter uns schließen und der liebende Hauch des kosmischen Hauses sich sanft mit unserem Atem verbindet.

Ulrike Koller & Raimund Stix
Das Leben in der 5. Dimension
21 Briefe an die Menschheit
196 Seiten, Großformat, broschiert
ISBN 978-3-95531-010-3
Mit zahlreichen farbigen Abbildungen

Dieses Werk dient als Hilfestellung im Umgang mit dem Erwachungsprozess in der 5. Dimension. Den Autoren gelingt es in einer leicht verständlichen und manchmal humorvollen Form, den Leser in Dialogen an brisante Themen der Menschheit heranzuführen und diese auf den Punkt zu bringen.

Es werden ebenso Antworten auf die zahlreichen Fragen des Lebens in voller Klarheit und göttlicher Liebe übermittelt. Die Worte und Schwingungen fließen beim Lesen in das gesamte Bewusstsein ein und führen zu tiefgreifenden Erkenntnissen und Bewusstseinsöffnungen.

Die Ganzheit dieses Buches zeigt sich in einer wunderbaren Kombination der empfangenen Botschaften und grandiosen Aufnahmen von Mutter Erde.

Shalin Alisha Desmûn
Einweihung in die Drachenflammen
Meisterweg zur Selbstermächtigung
292 Seiten, geb., mit Leseband
ISBN 978-3-95531-007-3

Die Drachen sind uralte Seelenführer und Meister im Erschaffen und Lenken von Energien und Elementen. Durch die Neue Zeit wurde der tiefere Kontakt zwischen Drachen und Menschen wieder möglich, und dem Weißen Königsdrachen ist es ein großes Anliegen, alte Wunden aus der gemeinsamen Vergangenheit zu heilen und den Menschen das zurückzubringen, was sie an schöpferischen Kräften und Fähigkeiten in sich verloren (geglaubt) oder verschlossen haben. Jeder lernt seinen persönlichen Drachenfreund/seine persönliche Drachenfreundin kennen und heilt mit ihm/ihr Seite an Seite.
Durch jeden Menschen, der sich den Drachen wieder öffnet, fließt beiden Partnern die liebevolle Selbstermächtigung zu, gemeinsam zu heilen und Neues zu erschaffen.

Christiane Zen
Das Orakel des Goldenen Zeitalters
40 Karten mit Begleitbuch
ISBN 978-3-95531-011-0

Unsere Engel, Seelenführer und Aufgestiegenen Meister wollen, dass wir unseren Weg selbst bestimmen, finden und gehen. Doch sie haben uns heimlich ein Navi zugesteckt, bevor wir uns auf den Weg zur Erde gemacht haben. Wo es ist? – Du hältst es gerade in deinen Händen!
Dieses Kartenset beantwortet alle deine Fragen in der Sprache der Neuen Zeit. Schritt für Schritt wird dein Weg für dich sichtbar, und ganz nebenbei zeigen dir deine Engel, dass du die Sprache des Lichts nicht verlernt hast. Jede Karte ist ein Unikat für sich und wird getragen von einer einzigartigen Energie, die du sofort spüren kannst.
Mit den enthaltenen Informationen kannst du dein Energiefeld und deinen Organismus synchronisieren, auf die Energien der Neuen Zeit ausrichten und dich von ihnen tragen lassen. Die magischen Zahlen entfalten ihre Wirkung für dich, auch wenn du nicht an sie denkst.